KB251932

야구일을 너무 하고 싶다

야구일을 너무 하고 싶다

야구를 직업으로 삼고 싶은 청춘들에게

20세기 말 학창 시절을 보낸 나는 야구 팬이었다. 그런데 야구장도 없는 지방 소도시에 사는 평범한 학생이 야구를 즐긴다는 건 꽤 힘든 일이었다. 지금이야 인터넷으로 손쉽게 야구 뉴스를 볼 수 있고, 전 경기 중계가 됐지만 당시엔 아니었다. TV 중계는 가뭄에 콩나듯 했고, 라디오 중계가 그나마 자주 됐다. 야구장에 간다는 건 엄청난 일이었다.

그런 내게 '오아시스' 같은 것이 스포츠 신문이었다. '땅표'라고 불리는 경기 기록지와 기사를 보며 상상의 나래를 펼쳤다. '이때는 A 선수가 이런 방향으로 안타를 쳤겠구나', '감독이 고민하다 투수를 늦게 교체했군', '다음 경기는 B 선수를 기대해 봐도 되겠다' 등등.

당시엔 4개 스포츠지가 있었고, 학생 주머니 사정으론 1~2개 밖에 살 수가 없었다. (지금은 사라진) 아침 자율학습 시간을 스포츠신문과 보내면서 내 장래희망은 야구기자가 됐다. 한국인 최초로 메이저리그에 진출한 박찬호, 일본 프로야구에서 활약하는 선동열을 취재하는 특파원이 되겠다는 '야망'을 품었다.

수능 시험을 마치고 신문방송학과가 있는 학부를 선택했다. '기자'가 되려면 당연히 신방과에 가야하는 줄 알았다. 아뿔싸, 그런데 아니었다. '의대=의사', '법대=변호사', '사범대=교사'인 줄 알았는데 '신방과=기자 또는 PD'는 아니었던 거다. 영어-논작-스터디 등 이른바 '언론 고시' 준비 과정도

복잡했다. 지금 그 사실을 내가 알았다면 다른 전공을 택했을 거라는 생각을 지금도 한다. 일문과나 영문과에 가서 외국어 실력을 키우거나 국문과에서 글쓰기 연습을 했다면 더 쉬웠을 텐데. 운 좋게 학창 시절 내가 읽던 신문사에 들어갔을 때의 감동은 지금도 잊을 수가 없다.

이 책을 읽는 독자들도 내가 했던 고민을 하고 있을 것 같다. '나는 에이전트가 되고 싶어', '나는 KBO에 들어가고 싶어', '나는 야구단에서 일하고 싶어', '야구선수 출신이 아니어도 심판이 될 수 있을까', '내가 좋아하는 야구로 돈을 벌 방법은 없을까'. 사실 정답은 없다. 이 책도 야구계에서 일하는 방법 중 몇 가지를 소개한 거라고 생각하길 바란다.

돌이켜보면 야구계의 현실을 비관적으로 표현한 것 같다. 그런데 화려해 보이는 이쪽 바닥의 현실이 그렇다. '열정페이'가 통용되기도 하고, 문도 좁다.

언젠가 롯데 팬 출신 고(故) 최효석 KNN 해설위원에게 '수입도 적고, 불안한 일인데 왜 선택했느냐'고 물은 적이 있다. 그는 "좋아하는 걸 일로 하는데 뭐가 힘드냐"고 답했다. 최 위원처럼 '덕업일치'를 꿈꾸는 분들에게 이 책이 조금이라도 도움이 되었으면 한다.

김효경

『야구 일을 너무 하고 싶다』는 야구와 관련된 직업에 대한 정보와, 해당 직업에 현재 종사하고 있는 사람들의 솔직하고 현실적인 조언을 담은 책이다.

2026년 현재를 기준으로, 실제 현직자들의 경험과 데이터를 바탕으로 한 최신 정보를 담아 빠르게 변화하는 스포츠 산업 환경 속에서 보다 현실적인 진로 설계를 돕는다.

야구계에 관련된 대표적인 직업 16종을 선별해 해당 직업에 필요한 능력과 실제 업무, 근무 조건, 향후 전망 등에 관한 정보를 김효경 기자가 취재·정리하였다.

또한 해당 직업에 종사하는 인물 18인의 심층 인터뷰를 통해 취업에 도움이 되는 팁과 커리어를 쌓는 방법, 디테일한 업무 예시 등 현직자들만이 전할 수 있는 구체적인 조언을 담았다.

책은 크게 PLAY BALL, KEY PLAYER, PRESS ROOM, SCOUTING REPORTS, EXTRA INNING의 다섯 가지 요소로 구성되어, 해당 직종의 정보를 분석·정리하였다.

직업에 대한 전반적인 정보를 탐구하고 정리한 파트다. 각 직종 종사자가 실제로 수행하는 업무와 채용 방식, 필요한 역량 등을 구체적으로 설명한다. 막연하게 떠올리던 직업의 이미지에서 벗어나, 직무의 성격과 역할을 명확하게 이해할 수 있도록 돕는 기본 정보에 해당한다.

현재 해당 직종에 종사하고 있는 '현업 실무자' 가운데 참고가 될 만한 인물을 선정하여 심층 인터뷰한 내용을 정리했다. 각 직업군을 대표할 수 있을 정도로 성장한 인물들이나, 비교적 평범하게 커리어를 시작한 보통 사람들의 취업, 현업 이야기를 담고자 했다. 현업에 종사하는 선배들의 경험에서 나온 조언은 때로는 냉정하지만, 그만큼 실질적이고 현실적인 도움이 되는 내용이다.

각 직업과 대표 인물에 대한 취재 및 인터뷰 내용을 바탕으로, 해당 직업의 전망과 안정성 등을 정리한 파트다. 현장의 목소리와 다양한 의견을 종합해 직업의 현재 위치와 앞으로의 가능성을 짚어본다. 일부 내용에는 저자의 분석과 인터뷰이의 개인적인 견해가 반영되어 있으므로, 참고 자료로 활용하는 것이 적절하다. 자신의 역량과 성향이 해당 직업과 얼마나 잘 맞는지 가늠해보는 데 도움을 주는 정보에 해당한다

급여수준, 취업난이도, 업무강도 등 각 직업의 이모저모를 야구 선수들을 평가하는 지표인 20 - 80 스케일을 사용하여, 80점 만점으로 표기하였다. 취재 기자의 한 줄 평과 더불어 각 직업의 장단점을 파악해보고 자신이 생각하는 평점을 매겨보는 것도 좋겠다.

다양한 경로를 소개하거나, 외부에서는 알기 어려운 디테일한 정보를 제공하는 보충 파트다. 세부 직종에 대한 설명, 업무 환경, 직업의 장단점 등을 정리했다. 기본적인 정보만으로는 파악하기 어려운 실제 현장의 모습과 선택에 도움이 되는 참고 정보를 함께 제시한다.

CONTENTS

한국야구위원회 직원

KOREA BASEBALL ORGANIZATION STAFF

업무 개요

프로야구 운영에 관한 업무

급여 수준

연 4,000만 원대 초반(대졸 사원 초봉 기준)

채용 방식

수시 채용(평균 연 1회)

우대 경력

영어 및 일본어

한국야구위원회(KBO)는 프로야구를 책임, 총괄하는 기구다. KBO리그의 관리는 물론 기록위원회와 심판위원회 운영도 책임지고 있다. 프로야구 출범(1982년)을 앞둔 1981년 만들어진 KBO는 프로야구 발전과 함께 영향력도 키웠다. 최근에는 국가대표팀 업무도 KBO가 관장하고 있다. 야구를 업으로 삼고 싶은 취업준비생이 꿈꾸는 '워너비'이기도 하다. 프로야구 전체를 관장하지만 KBO는 생각보다 큰 조직이 아니다. 대다수 구단은 거대 기업인 모회사의 지원을 받으며 과거보다 자생력을 키운 반면, KBO는 비영리단체이기 때문에 예산이 많지 않다. 구단들의 회비(구단별 20억원)와 자체 수익, 스포츠복권 지원금을 합쳐도 300억 원이 채 되지 않는다. 2025년 예산은 276억원. 당연히 정직원 숫자도 많지 않다. 과거에 비해 늘긴 했지만 40명(기능직 제외) 수준이다. 마케팅과 라이선스 등의 업무를 전담하는 자회사 KBOP 직원들을 합쳐도 60명 정도다. 2025년 12월 현재 KBO는 사무총장이 관할하는 경영본부(3개 팀)와 운영본부(4개 팀), 총재 직속의 대외협력팀과 전략기획팀으로 나뉜다. 경영본부 산하에는 경영지원팀, 재무팀, 커뮤니케이션팀이 있다. 경영지원팀과 재무팀 업무는 일반 회사와 비슷하다. 커뮤니케이션팀은 미디어 전담 부서다. 운영본부에는 리그운영팀, 운영기획팀, 전력강화팀, 정책지원팀이 속해 있다. 프로 리그 운영과 발전, 제도 개선, 아마추어 야구 육성 등을 맡는다. 마케팅 특화 조직인 자회사 KBOP는 마케팅팀, 사업기획팀, 브랜드 크리에이션팀, 디지털 마케팅팀 등 4개 팀으로 구성됐다. 크지 않은 조직이다 보니 취업 기회가 많지 않다. KBO에 입사할 수 있는 방법은 공개채용이 사실상 유일한데 경쟁률이 굉장하다. 1년에 1번 정도 이뤄지지만 부서에 필요한 인원이 있을 때만 가능하다. 2023년부터는 정직원 채용 대신 기간제 직원으로 1년 정도 근무한 뒤 연말 평가 이후 정식 채용 여부가 결정되는 추세다. 재계약률은 높은 편. 채용 과정은 일반 기업과 비슷하다. 보통 지원자는 1,000명을 넘지 않는데 자기소개서가 포함된 서류심사를 거쳐 보통 3~4배수가 1차 면접을 본다. 1차 면접은 팀장급이 실시한다. 이후 반 정도가 임원급이 진행하는 2차 면접을 본다. 최종 3차 면접이 이뤄지는 경우도 있다. 근무 능력도 중요하지만 심층면접을 통해 야구에 대한 관심을 확인하기 위해서다. 2025년의 경우 운영팀과 경영지원팀 경력사원, 재무팀 신입사원 등 총 3개 분야에서 계약직 채용을 진행했다. 변호사 등 일부 직군은 조건이 맞지 않아 계약직으로 입사하는 경우도 있었다.

최근에는 한국프로스포츠협회가 지원하는 인턴십 프로그램을 통해 인턴사원도 채용한다. 연간 2~4명 정도로, 채용 시 전환형 인턴과 체험형 인턴으로 나누어 선발한다. 전환형 인턴은 10개월 근무 후 우수한 평가를 받으면 정규직 직원으로 전환할 수도 있다. 체험형 인턴은 말 그대로 재계약 없는 6개월짜리 단기 인턴이다. 경리 업무를 맡는 재무팀은 2014년에 처음 만들어졌다. 업무 특성상 주로 경력직을 많이 뽑고 거의 부서 이동이 없는 편이다. 회계 업무 경력자(주로 3년 이상)들이 입사했다. 나머지 커뮤니케이션, 리그운영, 운영기획, 전력강화, 대외협력, 전략기획팀 등의 부서는 순환보직이 이뤄진다. KBOP(마케팅, 사업기획, 브랜드크리에이션, 팬 소통 등)의 경우 편제는 따로 되어 있지만 KBO와의 인사이동은 잦다. 사실상 한 회사나 마찬가지다. 기본적으로 KBO에서 선호하는 능력은 외국어다. 국제 업무가 점점 늘어나고 있기 때문이다. 영어는 기본이고, 일본야구기구와도 긴밀한 관계를 유지하기 때문에 일본어 능력자도 입사에 유리하다.

손이록

한국 최고 인기 스포츠
KBO리그를 운영하는 조직에서 일해보자

손이록은 야구계에서 가장 '좁은 문'을 통과한 사람 중 한 명이다. KBO 공채는 경쟁률이 높기 때문이다. 하지만 더 어려운 건 꾸준히 KBO에서 일하는 것이다. '워라밸'을 일정 부분 포기하기도 하고, 대기업과 비교하면 아무래도 조건이 좋지 않기 때문이다. 하지만 야구를 좋아하는 이들에겐 이만한 직장이 없다. KBO 입사를 위해서 가장 필요한 건 언어적 능력, 그리고 다른 회사와 마찬가지로 '스펙'을 쌓아야 한다. 1989년생인 손이록 KBO 경영지원팀 과장은 경희대에서 경영학과 영어통번역학을 전공했다. 이후엔 고려대 스포츠경영학 석사과정을 밟았고, 2016년 KBO 공채 신입 직원으로 입사했다. 졸업한 지 사흘 만에 입사한 첫 직장이 KBO다. 커뮤니케이션팀(홍보팀)에서 7년을 일한 뒤 2023년 경영지원팀으로 옮겨 인사 관련 업무를 담당하고 있다. 야구 국가대표팀 지원 업무도 여러 차례 수행했다.

TIP! 영어는 기본 중의 기본

손이록 과장이 대학원에 진학한 건 스포츠에 대한 관심 때문이었다. 그는 "경영학을 전공했지만 스포츠에 대한 관심이 있었다. 그런데 스포츠쪽 전공이 아니다 보니 '경쟁력이 부족할 것 같다'라는 고민을 했다. 학비가 부담스러웠지만 집에 양해를 구하고 단기 아르바이트나 교수님들 일을 도와드리면서 비용 문제를 해결했다. 군 면제 사유가 있어서 결심할 수 있기도 했다"라고 설명했다. 그는 어릴 때부터 원래 야구를 비롯한 스포츠 전반에 관심이 많았다. 졸업 논문을 다 쓰고 취업을 고민하던 시기에 때마침 KBO 공채 채용공고가 났다. 손이록 과장은 "스포츠경영학은 하고 싶은 공부였다. 특히 스포츠 쪽 대학원에는 기자, 에이전트, 체육공단 등 현직에 있는 사람들이 많다. 그분들을 통해 어떻게 스포츠 업계가 돌아가는지 어깨너머로 배울 수 있었다. 나만의 강점이 된 것 같다. 대학원 사회를 경험하면서 사회 예고편도 경험한 셈이다. 한국 프로스포츠에서 성공적인 분야가 야구다. 대학원 수업도 야구를 사례로 수업을 진행한 게 많았다. 그래서 KBO에 가야겠다는 목표가 뚜렷해졌다. 졸업 학기에도 일반 기업 몇 군데를 제외하면 스포츠 쪽은 KBO만 지원했다. 늘 생각을 하고 있었기 때문에 자기소개서도 공들여 썼다"라고 설명했다.

KBO의 주된 업무는 프로야구 관련 사업이다. 하지만 최근엔 국제 업무 비중이 높아졌다. 메이저리그나 일본 야구와 끊임없이 교류하고 있고, 과거 대한야구소프트볼협회가 주관하던 국가대표팀 업무가 KBO에게 넘어왔다. 그래서 외국어 구사 능력이 굉장히 중요해졌다. 손 과장의 강점도 바로 영어다. 그는 미국 콜로라도주 덴버에서 태어나 어린 시절을 보냈다. 초등학생 때 귀국했지만 미국을 오가면서 총 12년 정도 거주해 영어를 자유자재로 구사한다. 일본 거주 경험도 있어 일본어로도 기본적인 의사소통은 가능하다. 손이록 과장은 "예전엔 토익 만점까지 받기도 했는데 입사지원서를 낼 때는 950점이었다. 자기소개서에 통역 아르바이트를 한 걸 기재했다. 2011년 전남 영암에서 열린 F1 코리아 그랑프리 때 5일 정도 일했다"라고 했다. 실제로 KBO 내에는 미국에서 대학을 다닌 직원들이 꽤 많다. 손 과장은 "취준생들에게 질문을 받거나 상담을 해줄 때 가장 먼저 강조하는 게 '언어 능력'이다. 미국이나 일본 쪽과 협업할 일이 많다 보니, 영어와 일본어 능력이 뛰어나면 확실히 유리한 면이 있다"라고 말했다. 입사 과정은 일반 기업과 비슷하다. 서류 전형을 거친 뒤 두 차례 면접을 거쳤다. 자기소개서에는 스포츠에 대한 기본 지식을 부각했다. 대학원에 다닐 때 학술대회에서 했던 야구 FA 제도 관련 발표 경험을 살렸다. 손이록 과장은 "FA 선수들의 계약 전후 성적 등을 비교해 실제 효용을 분석한 내용이었고, 그걸 자기소개서에도 담았다"라고 설명했다. 면접도 일반 회사와 크게 다르지 않았다. 자기소개를 하고, 야구에 대한 기본 지식을 묻는다. 지난 시즌 야구 순위나 용어와 같은 내용도 있었다. 영어 면접도 있었다. 손 과장은 "나는 '야구를 보면서 가장 기억에 남는 순간'과 '야구와 관련된 경험'에 대한 질문을 받았다. 고등학교 야간자율학습 시간에 몰래 도망쳐서 야구장을 다니곤 했는데, 그런 점을 흥미롭게 봐주셨다. 2차 면접은 임원 면접이다. 자기소개를 토대로 한 질의를 한다. 조직에서 얼마나 일할 수 있고 잘 어우러질 수 있는지를 물었다. 내가 본 KBO의 장점과 단점을 물어보기도 했다"라고 전했다. 2025년 진행된 공채의 경우 마케팅 신입직원(계약)은 거의 200:1의 경쟁률을 보였다. 전력강화 파트는 대략 140:1이었다. 인턴도 재무직렬은 110명 이상이었고, 프로스포츠협의회와 함께 하는 인턴 프로그램은 75:1 정도였다. 모든 부서에서 인원을 뽑는 것도 아니다. 기본적으로 서류과정을 통과하려면 '스펙'이 필요하다. 그것도 '고(高)스펙'이 필요하다. 갈수록 취업난이 심해져서인지 지원자들의 수준이 높아지고 있기 때문이다. 외국어 능력은 기본이고, 학벌과 학업 성적 등이 최우선적으로 고려된다. 이른바 명문 대학을 나오거나 석사 과정까지 거친 지원자들이 수두룩하다. 최근에는 미국에서 공부를 하고 미국 국적을 가진 입사희망자도 있었다. 일반 대기업 시험에 합격할 정도로 뛰어난 경쟁력을 갖추지 않으면 어렵다는 뜻이다. 당연하지만 나이도 어릴수록 유리하다. 일반적인 회사 입사 경쟁과 비슷하다고 보면 된다. 그러나 대기업 수준의 처우는 기대하기 어렵다. 그래서 이직을 하는 사례도 꽤 많고, 채용이 매년 이루어지긴 한다. 손이록 과장의 경우 입사 동기 중 혼자 남았다.

TIP2 KBO는 서비스업체다

손이록 과장은 2016년 3월 정식 입사했다. 당시엔 1년에 한 번 공채 직원을 채용했는데, 총 4명이 선발됐다. 손 과장은 홍보팀(현 커뮤니케이션팀)에 지원했다. 커뮤니케이션팀은 보도자료 작성과 가장 중요한 미디어 응대가 기본 업무다. 야구 기록을 관리하고, 연감·가이드북·레코드북

등 KBO 간행물 제작도 전담한다. 개막전이나 포스트시즌을 앞두고 열리는 미디어데이도 홍보팀이 주도해 준비하는 행사다. 요즘엔 뜸하지만, 과거엔 '왜 그런 식으로 경기를 운영하느냐'는 취객의 성토 전화가 걸려오기도 했다. 프로야구 경기가 휴일에도 열리고 미디어들도 일하기 때문에 휴일 근무 빈도도 높다. 시즌 중에는 기록을 체크하고, 보도자료를 발송한다. KBO는 명목상 프로야구 최고 기관이지만 권위를 내세우기보다는 구단과 리그 운영을 매끄럽게 하는 중재자 역할을 더 많이 한다. 손이록 과장은 "KBO입장에선 10개 구단도 고객이고 선수도 고객이다. 이사회 같은 회의에서도 회원사들의 마찰을 줄이고 좋은 결론으로 이끌어가는 게 KBO의 역할"이라며 "이를테면 선수가 잘못을 했을 때 상벌위를 열고 선례에 따라 결정을 유도한다. 팬들의 반응도 살핀다. 비공식적이지만 인터넷 커뮤니티도 살핀다. 개인적으로는 특정팀 팬이었지만 이제는 전체를 보게 됐다"라고 설명했다. 경영지원팀에서는 인사 관련 업무를 맡았다. 직원 채용과 평가가 대표적이다. 회사의 복리후생이나 후방 업무 지원도 담당한다. 직원들이 조금이라도 더 좋은 환경에서 근무할 수 있는 개선안을 찾으려 노력했다. 손 과장이 맡았던 주요 업무로는 국가대표팀 지원 스태프가 있다. 대회마다 규모는 다르지만 대표팀 통역이나 매니저, 지원 업무를 위해 10명 안팎의 KBO 직원이 파견된다. 태극기가 달린 한국 유니폼을 입고 국제대회 대표팀 일원으로 참가하는 건 흔치 않은 경험이다. 국제대회는 운영진과 심판은 물론 경기요원들과도 모두 영어로 대화를 해야 한다. 손 과장도 외국어 의사소통이 가능하기 때문에 야구 국가대표팀 지원 스태프로 다섯 차례나 차출됐다. 2017년 월드베이스볼클래식(WBC), 2018년 자카르타-팔렘방 아시안게임, 2019년 프리미어12, 2021년 도쿄올림픽, 2023년 WBC 등 총 다섯 번의 국제대회를 지원했다. 손 과장은 "도쿄올림픽은 합숙까지 맡았고, 나머지 대회는 현장에서 일했다. 영어와 일본어가 가능해서 자주 파견됐다. 화려해 보이는 반면 고충도 많다. 선수단 스태프를 다 합치면 40~50명 정도인데 준비과정부터 다 관리해야 한다. 시즌 중이면 다른 팀원들이 배려를 해주지만 원래 업무를 하면서 해야 한다. 사실 성적이 잘 나든 안 나오든 뿌듯한 기분이 든다. 나라를 대표해서 파견이 된다는 것 자체로도 좋아서다. 개인적으로는 2019 프리미어 12가 제일 기억난다. 성적(준우승)도 좋았고 분위기도 좋았다"라고 떠올렸다.

TIP3 그래도 야구와 매일 함께하고 싶다면

'워라밸'이나 고수익을 포기해도 KBO 직원들의 만족도는 높은 편이다. 대다수 직원들이 야구를 좋아하기 때문이다. 손이록 과장은 "일하면서 가장 좋았던 부분은 매일매일 새로운 야구가 펼쳐지니 기대가 크고 재미있었다. 다만 홍보팀 시절에 늘 조심했던 게 하나 있다. 홍보팀은 KBO의 공식적인 '목소리'가 돼야 하니 조심해야 했다"라고 말했다. 워라밸이 아주 좋진 않지만 그래도 구단 직원들에 비해서는 나은 편이다. 홍보팀과 운영팀은 경기가 열리면 당직 근무를 한다. 평일은 오후 출근을 하고 경기시간 한두 시간 뒤에 퇴근한다. 주 5일 근무는 보장된다. 손 과장은 "집에서도 야구를 보는데 회사에서 야구를 볼 수 있다는 점이 좋은 점"이라고 했다. 다만 정규시즌에는 야구 경기장에 갈 일은 그리 많지 않다. 부서에 따라 1년에 한 번도 야구장에 안 가본 직원도 있다. 아무래도 사무국이기 때문에 사무실에서 지원 업무를 주로 하기 때문이다. 포스트시즌에는 경기 운영까지 KBO가 맡기 때문에 아무래도 현장 근무가 늘어난다. 손이록 과장은 "야구가 한국 프로스포츠 중 요즘 가장 주목 받고 있다. 문화체육관광부와 국민체육진흥공단이 개최한 2025 스포츠산업 채용박람회에 KBO 채용 부스를 꾸렸는데, 사람이 정말 많이 왔다. 모든 부스를 통틀어 방문객이 가장 많았다고 했다. 프로스포츠 산업에 종사하고 싶은 취준생들이 가장 선망하는 직업 중 하나가 된 것 같다. 본인이 야구에 대한 애정과 진정성이 있다면, 도전해볼 만한 일"이라고 했다. 단, 야구에 대한 관심과 지식은 필수지만 과해선 안 된다고 조언했다. "야구에 과몰입하거나 애정이 과하면, 공과 사를 구분하지 못하는 문제가 생긴다. 야구를 향한 진심과 선망을 잘 구분할 필요가 있다"라고 덧붙였다.

EXTRA INNING
-야구협회와 KBO, 뭐가 다르지?-

KBO는 한국 프로야구를 통괄하는 기구다. 프로스포츠가 있는 종목들은 대개 KBO나 한국프로축구연맹(축구), KOVO(배구), KBL(농구) 등 별도의 사무국이 존재한다. 그러나 국제대회와 생활체육 등을 담당하는 기구(대한축구협회, 대한배구협회, 대한민국농구협회)들이 나머지 업무를 맡는다. 통칭 '중앙 기관 단체'라고 불리며 대한체육회에 가맹되어 있다. 일반인들은 연맹과 협회가 혼재되어 있다 보니 자주 혼동하기도 한다. 고등학교 대회를 KBO가 주최하는 줄 아는 경우도 있다. 아마 야구를 관장하는 단체는 대한야구소프트볼협회(KBSA)다. 올림픽을 비롯한 대다수의 국제대회, 초·중·고·대학 선수와 팀을 운영하고 감독하는 일을 맡는다. KBSA는 KBO가 있는 양재동 야구회관 건물의 한 층을 쓰고 있다. 두 기구는 업무 영역 상 대립하거나 충돌하기도 하지만 기본적으로는 협력적인 자세를 취하고 있다. 사무국 규모는 KBO보다 작다. 하지만 생활체육 업무와 소프트볼 업무를 모두 KBSA에서 맡게 되면서 커졌다. 10년 전 예산은 20억 원이 되지 않았지만 지금은 170억~180억 원까지 늘어났다. KBSA는 KBO에 비해 입사가 어렵다. 예전보다 조직이 커졌지만 여전히 KBO에 비하면 인원(20여 명)이 적다. 그래도 한 사람이 3~4개 업무를 맡았던 예전과 달리 전문성이 높아졌다. 복리후생이나 근무처우도 좋아졌다. 야구협회에서만 20년 가까이 근무한 조민준 경영지원본부장과 이야기를 나눴다.

조 본부장은 98학번으로 무역학을 전공했다. 2006년에 중소기업에서 해외 영업 업무를 맡다가 퇴사한 뒤 KBSA에 들어갔다. 실적을 내야하는 것에 대한 스트레스가 있던 차에 무역과 스포츠 외교에 관심이 있었고, 마침 포털사이트에서 채용 공고를 봤다. 2007년 2월 공채로 들어왔다. 조 본부장은 "면접 첫 질문이 '야구를 좋아하느냐'였다. 업무는 일반 회사와 비슷하지만 야구를 좋아하지 않으면 근무하기 어렵다. 대회가 주말에도 많기 때문에 운영팀의 경우 주말 근무도 해야 한다. 그래도 선수 출신도 아니고, 야구를 엄청나게 좋아하는 편은 아니었지만 입사한 뒤에 점점 빠져들었다"라고 설명했다. 협회는 KBO보다 더 영어 능력이 필요하다. 국제 업무 비중이 높기 때문이다. 조 본부장은 "야구는 잘 몰라도 영어를 못하면 일하기 곤란하다. 영어가 기본이고, 스페인어를 쓰면 도움이 된다. WBSC(세계야구소프트볼연맹)는 중남미 국가들이 많아 스페인어를 쓰는 행정가들이 많다. 아시아 쪽에서는 대만과 일본의 입김이 강하기 때문에 일본어와 중국어가 유리하다. 나는 토익은 910점 정도고, 면접 과정에서 즉흥적으로 영어 질문을 받은 뒤 대답했다. 마지막에는 한영사전을 주고 영어로 된 걸 번역하라고 했다. 알고 보니 국제야구소프트볼연맹(WBSC의 전신) 규범이었다"라고 귀띔했다. KBSA 직원은 20명 정도다. 2025년에 사무국을 개편해 경영지원본부와 운영본부, 2부 체계가 됐다. 운영본부는 야구 파트, 소프트볼 파트, 신사업 파트로 대회 준비와 개최, 운영 등을 맡는다. 경영지원본부는 회계와 국내 및 국제대회 출전 지원 등을 책임진다. 예전보다 협회에서 맡는 사업들이 늘어났다. WBSC가 2017년 야구 보급을 위해 만든 베이스볼5(주먹으로 공을 치는 이른바 '길거리 야구')가 대표적이다. 사회인 야구로 불리는 생활체육인들이 참가하는 디비전 리그, i-리그(유청소년 야구), e스포츠 등을 맡고 있다. 그러면서 매년 채용이 늘어났다. 2025년엔 2명이 정직원으로 입사했다. 예전엔 운영팀 직원 한 명이 초중고 대회에 나오는 선수 1만 명 정도를 관리해야 했는데 예전보다는 사정이 나아졌다. 그래도 여전히 큰 조직은 아니라서 KBO

와 달리 멀티플레이어적인 사무능력과 대화를 원활하게 하는 능력이 필요하다. 근무환경은 좋은 편이다. 기본적으로는 9시에 출근해서 6시에 퇴근하는 분위기다. 대회 결승이 주말에 열리지 않는 이상 평일에만 일한다. 조민준 본부장은 "일반 회사처럼 압박이 없고, 스포츠 관련 계통이라 다른 직업군에서 느낄 수 없는 재미가 있다. 대표팀 업무를 맡으면 선수들하고도 어울릴 수 있는 기회도 있고, 더그아웃에서 팀의 일원이 되는 기분을 느낄 수도 있다. 물론 하는 일은 잡일이다(웃음). 직책은 총무지만 통역과 선수단 지원을 모두 한다. 선수단 간식, 도시락, 숙소부터 시작해서 코칭스태프의 요구도 들어줘야 한다. 개인적으로는 2008년 세계청소년 선수권에서 우승했을 때가 기억에 남는다"라고 했다. 여러 가지 잡무를 처리해야 하다 보니 민원을 처리하는 공공기관이나 서비스 직종 같은 마인드가 필요하기도 하다. 입사는 공개채용으로 진행된다. 서류와 면접을 거치면 곧바로 채용이 결정된다. 수습 기간 3개월을 거치면 정직원 신분이 된다. 조민준 본부장은 "대한체육회 가맹경기단체 경력자가 유리하다. 체육회 관련 업무는 비슷하기 때문이다. 비인기 종목 단체나 인턴 업무라도 경험을 하는 게 좋다. 입찰과 마케팅 업무를 해본 사람을 우대한다"라고 설명했다.

PRESS ROOM

KBO는 야구에 대한 일을 하지만 '야구만 아는 사람'만 찾는 건 아니다. 여러 유형의 인재를 원한다. 법무팀 변호사나 재무팀의 일부 업무처럼 전문 지식이 필요한 분야가 있다. 업무 때문에 분리되어 있지만 사실상 같은 회사로 2002년 설립된 KBOP도 그렇다. KBOP는 KBO와 인적 교류를 꾸준히 하고 있으며 중계, 마케팅, MD, IP 관련, 스폰서십, 라이선스 등을 맡는다. 경영적인 감각이 필요한 업무다. 사업기획팀은 '비즈니스적인 마인드'가 더 필요하다. 중계권 관련 전담 업무와 판매, 팬들과 함께하는 행사 기획 등을 하기 때문이다. 손이록 과장은 "경영학 전공자들만 일하는 건 아니다. 대신 대외 활동 마케팅 경력이 있는 신입사원들을 선호하는 건 뚜렷하다. KBO 내의 한 부서나 다름없지만 역할이 점점 커지고 있다. 맡는 일이 많아지고 있는데 특히 산업적인 부분에 관심이 많은 사람에게 추천하고 싶다"라고 귀띔했다. 대학 전공도 크게 관계없다. 어학 능력을 키운다면 상당한 플러스 요인이 될 수 있다. 손이록 과장은 "1,200만 관중을 동원하는 데 비하면 조직이 작은 편이다. 더 충원해야 나가지 않을까 싶다"라며 "최근엔 전문인력을 많이 추가하는데 (대표팀) 전력 분석이나 영상 제작 관련 업무 인력이 보강됐는데, 앞으로 더 늘어날 수도 있다"라고 말했다. 최근 입사자들을 보면 나이는 남자의 경우 20대 후반이 마지노선이다. KBO 인사담당자인 남정연 경영본부장보는 "야구 인기가 높아서인지 예전보다 많은 인재가 야구계에 관심을 보인다. '스펙이 좋은데 왜 여길 오나?' 싶은 친구들도 있다"라고 웃었다. 급여 면에서 일정 부분은 포기해야 한다. 일반적인 대기업 평균 초봉에는 미치지 못하기 때문이다. MLB의 경우 커미셔너를 비롯한 사무국이 막강한 힘을 가졌지만, 한국프로야구는 그렇지 못하다는 점도 아쉬운 부분이다. 그럼에도 KBO는 꽤 멋지고, 안정적인 직장이다. 한국프로야구라는 산업이 아직 성장 가능성이 있기 때문이다. 2025년엔 1,200만 관중 시대를 열었고, 머천다이징을 포함한 프로야구 상표권 시장은 계속 성장 중이다. 중계권 계약 규모도 매년 커지고 있다. KBO가 맡은 일도 점점 늘어나고 있다. 사단법인이지만 조직 내 문화는 꽤 유연해진 편이다. '야구장 치맥' 회식을 하기도 하고, 비혼(非婚) 직원에게도 경조사 휴가와 축하금을 지급하는 등 복지 혜택도 많이 갖췄다. 모기업의 영향을 많이 받는 구단과 달리 말단 사원에서 시작해 기구의 전체 운영을 책임지는 사무총장까지 승진할 수 있는 구조도 만들어져 있다.

SCOUTING REPORT

급여 수준	★★★★★☆☆☆	대기업과 중소기업의 사이다. 생각보다 많지 않다	**55**
취업 난이도	★★★★★★★☆	뛰어난 경쟁력에 운까지 따라야 함	**70**
향후 전망	★★★★★★☆☆	프로야구 인기는 계속 유지될 전망	**60**
업무 강도	★★★☆☆☆☆☆	주5일제 근무 보장. 부서에 따라 주말 있는 삶도 가능하다	**30**
업무 만족도	★★★★★★☆☆	관리자적인 입장, 능동적 업무 비율은 높지 않다	**60**

야구에서 사용하는 20-80 스케일을 기준으로 점수를 평가하였습니다.

기록원

02

/ 프로야구의 사관(史官) /

SCORER

프로야구 경기 기록을 결정하고 관리하는 일

3,000만 원대 후반(초봉 기준)

결원 생길 시 기록강습회 통해 채용

야구는 기록의 스포츠다. 승리, 평균자책점, 타율, OPS 등 선수들의 능력과 업적을 표현하는 기록도 다양하다. 이 모든 게 가능한 건 야구의 역사를 기록하는 기록원이 있기 때문이다. 현재 사용되는 기록법과 박스스코어는 1858년 미국의 야구기자 헨리 채드윅이 만들어냈다. 미국 메이저리그의 경우 과거 기자나 구단 관계자들이 기록을 맡다가 최근에는 전문 기록원이 활용되고 있다. 한국 프로야구는 1983년부터 공식 기록원 제도가 도입돼 운영되고 있다. 안타, 득점, 승패 등 야구장에서 벌어지는 그대로의 역사를 기록하는 '스코어링(scoring)'과 야구기록으로서의 가치를 만드는 '레코딩(recording)' 업무를 맡는 이들이 기록원이다. 경기 진행에 관여하기도 하고, 안타와 실책인지 결정하는 것도 기록원의 일이다. 야구의 특징은 다른 종목과 달리 기록지를 보면 어지간한 상황을 모두 재구성할 수 있다는 장점이 있다. 투수가 던지는 공 하나마다 스트라이크, 볼, 파울, 스윙을 구분한다. 견제구도 마찬가지다. 안타, 2루타, 3루타, 홈런을 기록하는 것은 물론 도루인지 야수선택인지도 판정해야 한다. 어떤 야수가 잡아서 어떻게 어디로 던져서 아웃이 됐는지도 상세히 기록한다. 홈런이 얼마나 날아갔는지 비거리를 결정하는 것 역시 기록원들이 한다. 뜬공인지 땅볼인지까지 기록지만 보면 알 수 있다. 한자와 숫자, 알파벳, 기호 등이 뒤섞여 암호처럼 보이지만 기록지만 봐도 경기 흐름을 파악할 수 있다. 경기가 시작된 뒤에는 긴장의 연속이다. 포털사이트에서 진행되는 문자 중계도 기록원들의 전산 입력을 기반으로 이뤄진다. 앞서 말했듯 안타-실책과 같은 판정을 기록원이 하기 때문이다. 경기가 끝나면 통계 작업까지 마무리해 KBO와 공식 기록업체인 스포츠투아이에 보낸다. 퇴근은 경기 종료 뒤 30분 정도에 가능하다. 야구장에서 근무하는 시간은 6~7시간 정도인 셈이다. 대신 휴일을 챙기긴 어렵다. 2025년엔 16명의 KBO 기록원이 일했는데 1군 경기에 10명(5경기), 2군 경기에 5명(하루 최대 5경기)이 투입된다. 기록위원장을 제외하면 사실상 예비인원이 없다. 근무는 다른 직종과 마찬가지로 3연전(혹은 2연전)마다 편성되는데 길면 열흘, 보름까지 지방 출장이 이어지는 경우도 생긴다. 대개는 승용차로 이동한다. 1군의 경우 두 명이라 번갈아 운전할 수도 있지만 2군의 경우 혼자 다닌다. 채용은 기록원 중 결원이 생겨야만 가능하므로 몇 년에 한 번꼴로 난다. 과거에는 매년 초 열리는 기록강습회에 참가해야 했지만, 이제는 KBO를 통해 공고를 한다. 4년제 대학교 이상 졸업자나 졸업예정자만 지원이 가능하다. 급여는 그렇게 많지 않은 편이다. 2011년부터 계약직에서 KBO 정직원으로 바뀌면서 좋아지긴 했지만, 연봉 인상 폭이 크지 않아 '중소기업 직원'보다는 조금 낮고, 공기업과 비슷한 수준이다.

김영성

기록의 스포츠인 야구,
그 기록을 결정하는 책임감 있는 자리

김영성은 기록원에게 체력과 집중력이 중요한 덕목이라고 했다. 긴 경기 시간 내내 야구공을 눈으로 좇아야 하기 때문이다. 결단력과 책임감도 필요하다. 판단을 내려야 하는 일이기 때문이다. 안타와 실책처럼 기록원에 선택으로 선수의 기록이 달라질 수 있다. 대신 야구 기록은 기록지만 보고도 한 경기, 한 이닝을 재구성할 수 있을 정도로 체계적이다. 꼼꼼하고, 성실한 이에게 딱 맞는 직업이다.

TIP1 기회의 문은 넓지 않다

김영성 KBO 기록위원은 평범한 공학도였다. 하지만 야구를 너무 좋아해 야구 일을 하고 싶었다. 그는 2006년 기록강습회를 거쳐 수습 기록원이 됐다. 2007년 4월부터 정식 기록원이 됐고, 2군에서 800경기를 치른 뒤 2015년부터 1군 풀타임 기록원으로 활동하고 있다. 2025년 9월 역대 14번째로 통산 1,500경기 출장을 달성했다. 김 위원은 "어렸을 때부터 야구를 좋아해 야구 쪽 일을 하고 싶었다. 선수 출신이 아니면 야구판에서 일하기 힘들다는 걸 알고 있었는데 고등학교 때 신문에서 기록원에 관한 기사를 보고 '이런 직업이 있구나. 나도 하고 싶다'란 생각을 했다. 야구에 대한 꿈은 있었지만, 인하대 기계공학과에 진학했다. 대학교 4학년 때 KBO 기록강습회에 처음 참가했다. 야구도 자주 보고, 기록 공부도 했지만 설마 합격할 줄 몰랐다"라고 했다. KBO는 매년 초 기록 강습회(강습료 3만 원)를 연다. 과거에는 기록강습회가 기록원이 될 수 있는 유일한 길이었다. 서울에서만 열렸지만, 간간이 지방에서도 개최한다. 2025년엔 서울에서만 한 차례 열렸다. 정원은 200명인데 경쟁률이 정말 치열하다. 기록에 관심이 있는 팬들이나 사회인리그에서 아르바이트 삼아 기록원으로 활동하는 이들도 신청하기 때문이다. 기록법에 대한 강의를 하고 마지막 일정으로 기록지 작성을 한다. 경기 설명 자료를 보고 기록지를 채워나가는 시험이다. 2011년부터는 강습회 성적 우수자 중 전문기록원 과정을 개설했지만, 2020년부터는 없어졌다. 대신 기록원으로 KBO에서 일하려면 한 번 이상은 강습회를 수료해야 한다. 남자의 경우

병역필, 또는 면제 조건도 붙는다. 다른 KBO 직원들과 마찬가지로 계약직으로 입사한 뒤 정직원으로 전환되는 형태다. 채용 과정은 일반 입사 시험과 비슷하다. 서류전형 통과자는 실기 및 면접을 본다. 실기 시험의 경우 영상을 보고 기록하는 테스트를 진행한다. 김영성 기록원은 "보통 필요한 인원은 1, 2명인데 10~20명 안팎의 인원을 불러 2차 테스트를 치른다. 난이도가 강습회보다 높다. 면접 과정도 함께 이뤄진다. 내 경우엔 경기 현장 테스트까지 치렀고, 최종 수습 2명이 남았는데 내가 합격했고, 다른 한 친구는 스포츠투아이에 입사했다. 당연한 얘기지만 야구 규칙을 정확하게 숙지하고 야구 경기를 제일 많이 보는 연습을 하는 게 제일 좋다"라고 했다. 진철훈 기록위원장은 "면접 과정은 일반 기업과 다르지 않다. 야구 관련 경력이나 이력이 있는 경우엔 크게 도움이 된다. 최근 선발된 인력들도 경험을 갖고 있었다. 제일 중요한 건 인원이 항상 충원되지 않는다는 것이다. 여유 인원이 거의 없고, 새 구단이 창단돼서 경기 수가 늘거나, 기존 인원이 그만뒀을 때만 채용한다. 김영성 위원은 "나도 몰랐는데 내가 입사할 때 경찰야구단이 만들어지면서 2군 리그 경기 수가 증가했고, 인원이 필요한 상황이었다"라고 했다. 2026년엔 채용 과정이 이뤄진다. 울산시가 2군 야구단을 창설해 2군에 참여하고, 정년퇴직 예정자가 있기 때문이다.

TIP2 기록원도 2군에서 1군으로 올라간다

기록원들의 업무가 빡빡한 편은 아니다. 보통 '플레이볼' 2시간 전 야구장에 도착한다. 본격적인 업무는 경기 시작 1시간 전부터 시작된다. 양 팀 감독이 주심에게 타순표를 제출하는 시한이다. 1군은 2인 1조로, 2군 은 1명이 일한다. 과거 1군의 경우 전산 입력 시스템과 수기(手記) 기록 을 병행했다. 한 명은 전산 기록용 노트북으로 기록을 입력하고 나머지 한 명은 손으로 기록지를 작성했다. 그러나 2024년부터는 전산 기록만 하고 있다. 나머지 1명은 피치클록 업무를 맡아 심판에게 시그널을 주는 등 의사소통을 한다. 2군 경기는 수기로 기록한다. 전산 기록은 입력 수 정 등의 어려움 때문에 최대한 신중하게 결정하고 입력한다. 1군은 그래 도 2명이 함께 일하기 때문에 상황이 일어났을 때 의견을 주고받는다든 지 여러 상황에 대한 대처가 수월하다. 하지만 2군은 구장에 따라 일하기 힘든 곳도 있다. 비바람을 맞으면서 젖어가는 종이에 기록을 했다는 '무 용담'도 있다. 김영성 위원은 "2010년까지 2군에만 있었고, 2011년부터 조 금씩 1군 경기에 참여했다. 2015년부터는 쭉 1군에 있다. 2군 구장의 경 우 어떤 곳은 그냥 야외에 덩그러니 벤치 하나만 있었다. 요즘엔 2군 구 장도 많이 좋아져서 나아졌다. 다만 혼자니까 생리 현상을 해결하기도 힘들다. 1군도 경기 시간에는 못 움직이니까 주로 클리닝 타임을 이용한 다. 기록원석에서 화장실이 가까운 구장은 잠깐 같은 조원에게 부탁하고 다녀오기도 한다"라고 했다. 지방 출장도 잦다. 김영성 위원은 "지방 팀 이 절반이기 때문에 1년 스케줄의 절반은 지방에서 보낸다. 그래서 야간 경기 때는 운동을 하거나 산을 타면서 체력과 집중력을 키운다. 가정을 잘 돌보기는 어렵다"라고 했다. 비시즌에는 그나마 여유가 좀 생긴다. 대 신 조금씩 달라지는 규정이나 규칙을 확인하는 시간을 가진다. 김 위원은 "겨울에는 주로 기록원들끼리 세미나를 많이 한다. 기록도 시대 흐름에 따라 발전하기 때문이다. 희생번트나 안타-실책 등은 조금씩 적용이 달라진다. 전문기록원 과정과 기록강습회 강의도 준비한다. 겨울에는 윈터미팅이라고 해서 구단과 합동 세미나를 하기도 한다. 물론 시즌 때보다는 여유가 있다"라고 했다. 글씨를 잘 쓰거나 특별히 눈이 좋아야 되는 건 아니다. 김 위원은 "글씨는 기록을 하다보면 점점 좋아진다. 2015년까지는 선수 이름을 한자로 썼는데 2016년부터는 한글로 바꿔었다. 시력의 경우 심판(나안 기준 1.0)처럼 까다롭게 규정짓지는 않는다. 경기 상황을 체크할 수만 있으면 된다"라고 했다. 대신 정신적인 스트레스가 크다. 경기 내내 몰두해야 하기 때문이다. 김영성 위원은 "집중력과 결단력이다. 판단하기 어려운 상황이 나오면 기록원도 사람인지라 생각이 많아질 때가 있다. 그럴 땐 집착하지 않고 명확하게 판단을 내려야 한다"라고 했다. 급여는 심판보다는 아무래도 적다. 김영성 위원은 "육체적으로 더 힘들고 전문적인 일이니까. 그래도 행복하다. 꿈이었던 일이고, 취미가 직업이 됐기 때문이다. 공무원 같은 느낌도 있다. 아직 이 직업을 갖고 후회한 적이 없다. 야구를 사랑하는 사람이라면 누구나 하고 싶은 일 아닐까"라고 했다. 진철훈 위원장은 "야구에 대한 열정을 중요하게 생각하고. 경험이 있으면 좋을 거 같고. 특별하게 기록을 엄청 잘해야 한다는 것보다는 다른 부분 데이터에 대한 이해도가 높은 분. 기록만 잘해서 된다기보다는 경험이 쌓이면 쌓일수록 따라갈 수 있는 부분이 있다"라고 설명했다.

PRESS ROOM

야구 기록원은

야구 기록원은 다른 종목과 달리 권한이 크다. 다른 종목은 판단보다 집계에 방점을 두지만, 야구 기록원은 많은 기록을 판정해야 하기 때문이다. 안타와 실책, 타점 여부의 판단, 도루와 도루자의 구별, 번트 시 희생타 인정 여부, 루타수의 결정, 승리투수, 폭투와 포일의 구별, 투수의 자책점 결정 등이 모두 기록원이 판정해야 할 부분이다. 그래서 선수나 코칭스태프의 항의를 받는 경우가 허다하다. 기록원의 판단에 따라 노히트노런과 같은 대기록 여부가 정해지기도 하고, 연봉에도 영향을 줄 수 있기 때문에 매우 예민한 반응을 보인다. 과거에는 기록실 문을 차거나 고함을 지르며 반발하는 사례도 흔했다. 그래서 둥글둥글한 성격의 사람을 선호하기도 했다. 다만 2022년 5월부터 KBO리그가 기록 이의 신청 제도를 도입하면서 수정할 수 있는 여지가 생겼다. 구단과 선수가 이의를 신청하면 기록위원장과 기록팀장, 당일 경기 감독관이 모여 재심의를 한다. 비디오 판독센터에는 중계 화면 외의 영상도 있기 때문에 다각도에서 확인하고 결정할 수 있다. 그래서 선수단과 직접 대면할 일은 줄어들었다. 기록원에겐 과감성도 필요하다. 기록원은 한 번 플레이가 이뤄진 뒤 몇 초 안에 결정을 내려야 하기 때문이다. 2인 1조인 팀원끼리 대화를 통해 결정할 때도 있다. 예전엔 전 경기 중계가 되지 않아 판단하기 애매한 경우도 있었으나, 요즘엔 화면을 다시 보는 게 가능해 어려움을 덜었다. 프로야구 기록원은 심판과 달리 선수 출신과 비선수 출신의 차별이 거의 없다. 2016년 현재 일하고 있는 17명 중 선수 출신은 4

명뿐이다. 다만 여성 기록원은 없다. 이대 음대 출신이었던 성연주(1996~2001) 기록원이 있었지만 1군 경기에는 참여하지 못했다. 2025년 기록강습회에선 처음으로 여성 참가자(105명)가 남성(95명)보다 많았다. 그러나 2차 과정까지 선발되는 여성 지원자가 간혹 있지만, 기록원 채용 지원자는 드물다. 건강도 중요하다. 앉아서 편하게 야구를 보는 것 같지만 9회 내내 집중해야 하기 때문이다. 기록원 특유의 직업병도 있다. 목을 빼고 경기를 지켜보느라 목 디스크같이 직업병을 앓는 경우도 흔하다. 안구건조증이나 시력 저하를 느끼는 경우도 많아 TV 시청이나 스마트폰 사용을 줄이는 이들도 있다. 화장실 문제 때문에 음식이나 물도 조심해서 먹어야 한다. 구장에서 가장 잘 보이는 자리에서 야구를 본다는 이점은 있지만 야구의 재미를 모두 즐기기 어려운 것도 사실이다. 사회인 야구와 아마추어 야구 기록원을 하면서 준비하는 방법이 정석에 가깝다. 2024년 입사한 최종원 기록원이 대표적이다. 그는 2019년 기록강습회를 들으며 기록원의 꿈을 처음 가졌다. 당장 채용 계획이 없어 고민이 컸던 그는 2020년에 잠깐 인턴으로 일한 뒤 사회인 리그를 거쳐 서울시야구소프트볼협회 소속 기록원으로 일했다. 그러면서 다른 직장을 알아보던 중 채용 공고가 나서 합격했다. 기록에 대한 궁금증이 생기면 KBO 홈페이지의 기록위원회 Q&A 코너를 이용하는 게 좋다. 진철훈 위원장은 "기록원으로 활동한 경험이 있는 사람을 선호할 수밖에 없다"라고 귀띔했다. 기록원이 되겠다는 꿈을 가지겠다면 세 가지만 충고하고 싶다. 첫째, 공부를 열심히 하되 '난 기록원이 아니면 안 해'라는 생각은 버리라는 것이다. 기록법이나 규칙은 굳이 기록원이 아니더라도 야구계 관련 종사자가 되면 도움이 된다. 기회를 기다릴 수도 있지만 수입도 적고, 보장된 미래도 없다. 둘째는 늘 책임감을 가져야 한다는 것이다. 기록원은 생각보다 경기에 많은 영향을 미친다. 실수 없이 철저하게 중립을 지키고, 공정한 판단을 내려야 한다. 마지막은 당연히 야구를 좋아하는 사람만 하라는 것이다. 좋아하지도 않는 걸 하루 3~4시간 꼼짝도 하지 못한 채 쳐다보는 건 고역이다. 2016년 작고

한 KBO 초대 기록원 박기철 전 스포츠투아이 부사장을 포함해 필자가 만난 기록원은 하나같이 '야구에 미친 사람'들이었다. 무엇보다 기록강습회 일정을 꼼꼼하게 챙겨야 한다. 1년에 1번뿐인데 경쟁률이 치열하기 때문이다. 2025년엔 36초 만에 정원 200명 모집이 마감됐다. 대학 수강 신청급 난이도다. 여러 번 수강하는 것도 좋다. 매년 조금씩 달라지는 규칙이나 트렌드를 기록원들에게서 직접 들을 수 있기 때문이다. KBO 공식 기록원은 16명이다. 결원이 생겨야 충원을 하기 때문에 언제 문이 열릴지 알 수 없다.

SCOUTING REPORT

급여 수준	★★★★☆☆☆☆ 초봉은 적지 않지만 인상률은 낮은 편	**40**
취업 난이도	★★★★★★★☆ 심판보다 숫자가 적어 충원되는 숫자도 적다	**70**
향후 전망	★★★★★☆☆☆ KBO 직원이기 때문에 고용 안정은 큰 문제없음	**50**
업무 강도	★★★★☆☆☆☆ 지방 출장과 휴일 근무가 잦지만 비시즌엔 여유로운 편	**40**
업무 만족도	★★★★★★★☆ 제일 좋은 자리에서 좋아하는 야구를 보면서 일하는 즐거움	**70**

야구에서 사용하는 20-80 스케일을 기준으로 점수를 평가하였습니다.

03 심판

/ 그라운드의 판관 포청천 /

UMPIRE

　야구판에서 가장 많은 비난을 듣는 인물은 누구일까. 정답은 심판이다. 100번의 판정 중 99개를 정확하게 내려도 1번의 실수로 경기 흐름을 바꿀 수 있기 때문이다. 그러나 심판 없이는 경기가 진행되지 않는다. 2014년 프로야구에서 처음 비디오 판독에 의한 합의판정이 도입됐고, 2023년부터 아마 야구에서는 자동 투구 판정 시스템(ABS, Automatic Ball-Strike System)이 도입됐지만 여전히 심판이 해야 할 일은 많다. 화려한 스포트라이트를 받는 선수와 감독 뒤에 있는 심판들은 그라운드의 블루워커이기도 하다. 경기 한 시간 전부터 경기를 준비하는 이들은 자신의 몸을 보호하기 위한 두꺼운 마스크와 보호대를 착용하는데 이 무게는 3kg이 넘는다. 시즌은 하절기에 진행되기 때문에 비 오듯 땀을 흘린다. 보통 중노동이 아니다. 그렇게 장비를 차도 투구나 파울볼에 맞으면 멍이 드는 것은 물론, 심하면 뼈가 부러지는 일도 생긴다. 긴 경기 시간 동안 생리적인 욕구를 참아야 하는 괴로움도 있다. 1998년 개봉한 영화 ‘해가 서쪽에서 뜬다면’의 주인공은 프로야구심판이 되어 톱스타가 된 옛 연인을 만난다. 실제로 야구를 좋아했지만, 선수가 되지 못한 사람들 중에서 심판을 꿈꾸는 이들의 수는 적지 않다. 하지만 이 영화처럼 선수 출신이 아닌 사람이 프로야구 심판이 되기는 어렵다. KBO 심판위원회가 생긴 뒤 비선수 출신 심판은 단 한 명에 불과했고, 그마저도 현재는 없다. 짧게나마 프로를 경험했거나 적어도 대학 때까지는 엘리트 야구부 활동을 한 선수 출신들만이 프로 무대에 서고 있다. 그러나 아마추어 야구를 관장하는 대한야구협회 심판 중에는 비선수 출신이 있다. 2012년 직장

생활을 하면서 야구심판학교 교육 과정을 1년간 받은 뒤 최초의 대한야구협회 심판이 된 황재원 심판위원 이후 5명이 배출됐다. 축구는 대한축구협회에 등록된 심판만 8000여명이나 된다. 교육을 통해 등급이 나눠어진 심판들이 각 리그에 배정된다. 야구는 축구 심판과 같은 체계는 갖추지 못했다. KBO 심판위원회 소속 심판(2025년 현재 50명)은 프로야구를 관장하고, 초·중·고·대학 리그는 대한야구협회소속 심판(2025년 현재 21명)들이 진행한다. 주말리그, 유소년 리그 등은 시도야구협회 소속 심판들이 주로 맡는데, 이들은 전임 심판은 아니다. 사회인리그에서도 활동할 수 있지만 대부분 파트타임으로 마스크를 쓰는 심판들이 대다수다. 사실상 대한민국에서 '야구 심판이 직업입니다'라고 말할 수 있는 사람은 100명도 되지 않는다. 그렇기에 심판이 되고 싶은 그라운드 위의 모든 사람들을 통제하고 목소리를 높여 지휘하기 때문이다. 적게는 수십 명, 많게는 수만 명이 심판의 동작과 콜에 모든 신경을 집중한다. 그게 바로 심판의 매력이다.

김민서

어떤 상황에서도 냉정하고 침착하게

김민서는 야구를 좋아했고, 운동도 잘했다. 스쿼시 선수 출신이라 체력도 시력도 뛰어났다. 야구 심판에게도 이런 자질은 매우 중요하다. 물론 이보다 더 중요한 건 판단력과 순발력이다. 심판은 경기 전체의 흐름을 관장하고 유연하게 진행시키는 역할을 맡기 때문이다. 멘털적으로도 강해야 한다. 오심이나 판단 미스가 났을 때도 흔들리지 않고 이겨내야 한다.

프로야구 심판 중에는 여성이 한 명도 없다. 사회인 야구에서는 몇 명의 여성 심판이 활동 중이다. 그러나 대한야구협회에서 심판으로 활동하고 있는 여성 심판은 딱 한 명이다. 바로 김민서 대한야구소프트볼협회 심판원이다. 그는 2014년 3월 협회의 위촉을 받아 1호 여성 심판인 한명선 씨 이후 24년 만에 여성 심판이 됐다. 그의 남편 송수근 씨는 KBO 심판위원이다. 국내 야구 최초의 '부부 심판'인 김민서 심판위원은 10년 넘게 아마 야구를 누비고 있다.

INTERVIEW

여성이 야구 심판이라는 직업을 선택하기가 쉽지 않았을 텐데요.

어렸을 때부터 운동에 관심이 많았습니다. 두 살 아래 이종사촌동생들이 야구를 했는데 가까이 살아서 초등학교 때부터 야구를 보러 다녔습니다. 집도 잠실구장에서 가까워서 아버지와 함께 많이 관람했습니다. 원래 저는 스쿼시를 했어요. 주니어 국가대표까지 지냈고, 명지전문대 사회체육과 04학번으로 선수생활을 이어갔습니다. 그러다 가끔 지인들 소개로 사회인야구 경기에 따라갔는데 운동신경이 좋으니까 타석에 서기도 했습니다. 명지전문대에서 운영하는 심판학교 조교로도 일했어요. 대학 졸업 뒤에는 스쿼시 강사와 선수를 겸하다 2007년에 한국야구심판아카데미에서 5주 과정을 수료했습니다. 사실 그 때는 심판을 직업으로 삼아야겠다는 생각을 한 건 아닌데 흥미가 생겼죠.

사회인 야구부터 시작 했다구요.

저는 한국야구심판아카데미(UA) 26기인데 5주 동안 교육을 받으면서 심판 활동을 계속 해볼 생각은 없냐는 제의를 받았습니다. '한 번 해보자'는 생각으로 주중에는 강사 일을 하고 주말에는 사회인 야구 심판을 봤습니다. 아카데미 출신들은 보통 사회인리그에서 요청을 받아 돌아가면서 배정을 받습니다. 아카데미 출신이 아닌 분들은 리그에서 고정적으로 일을 합니다. 국민생활체육연합회에도 사회인 야구 심판 담당이 있는데 전국적인 대회를 맡아요. 대한야구협회에 요청이 들어오면 나가기도 하는데, 대부분 비선수 출신입니다. 배명고에서 열린 리그에 처음 배정을 받았는데 첫날 실수를 많이 해서 울었던 기억이 있습니다. 선수 출신이 많은 리그라 수준이 높았거든요. 그만두고 싶을 때도 있었습니다. 그런데 익숙해지다보니 어느새 적응이 됐습니다.

아카데미 수업 내용은 어떤가요.

KBO와 KBSA, 명지전문대가 함께 진행하는 야구심판학교는 1년에 한 번 가을(2015년 16기 수강생은 11월 21일 개강)에 모집을 해서 겨울에 강습이 열립니다. 토요일은 6시간 정도 이론 수업을 받고, 일요일은 실기 수업입니다. 운동장에서 콜과 제스처를 배웁니다. 사회인 야구는 2심제가 많기 때문에 주로 2루에서 주자가 없을 때, 주자가 1, 2루일 때 등 상황에 따른 위치를 배우고 몸에 익힙니다. 저는 야구의 기본적인 룰 정도만 알아서 부족한 편이었어요. 그래도 야구 규칙을 훑어가면서 자연스럽게 수업을 따라갈 수 있었습니다. 물론 부족한 부분은 스스로 공부해야 합니다. 출석률과 이론, 실기시험 성적을 합쳐 기준을 통과하면 수료증을 받을 수 있습니다. 그중 성적이 좋은 사람은 UA 심판이 될 수 있습니다. 마침 2008년부터 KBO가 주관하는 심판학교가 생겼고, 다음 해에 사무직원이 필요하다고 해서 스쿼시강사를 그만두고 일을 시작했습니다. 당시 2기 생들을 모집했는데 좀 더 배워보고 싶어서 심판 과정을 수료하면서 대한야구협회 심판에 지원할 수 있는 자격을 얻었습니다.

KBO와 KBSA 심판이 되려면 심판학교에 가야 하는군요.

맞습니다. 사설 기관에서 심판 자격증을 얻은 경우엔 주로 사회인리그에서 활동해요. 전직 심판이 되려면 야구심판학교에 가는 게 좋습니다. 심판학교는 일반과정과 전문과정이 있습니다. 일반과정은 10주간 금, 토, 일요일 수업을 들어 총 160시간을 받고, 전문과정은 토, 일요일에 이뤄지고 5주간 총 64시간 수업을 듣습니다. 일반과정은 일반인이 대상이고, 전문과정은 아마야구 심판 중 재교육받는 분들이 대다수입니다. 일반과정 중 선수 출신은 고급과정 수업을 받기도 해요. 한 달 정도 지방을 돌아다니며 고교와 대학팀들 연습경기 트레이닝을 받습니다.

지원 팁이 있다면요.

우선 등록과정이 언제 시작되는지 체크해야합니다. 1년에 1번뿐이니까요. 200명 정도를 뽑는데 경쟁률은 3대 1 정도이고, 지원서 내용만으로 선발합니다. 보통 기본적인 대학 입학 자기소개서 같은 내용을 기재합니다. 야구 경력, 이를테면 사회인 야구나 동아리 등에서 활동한 이력을 씁니다. 동기와 지원이유, 심판학교를 알게 된 과정, 야구 경험을 평가합니다. 당연히 선수 출신을 우선적으로 선발하는데, 비선수 출신은 체격조건과 시력을 많이 참고합니다. 안경을 끼면 안 된다는 규칙은 없지만 일반적으로 시력은 0.5는 넘어야 합니다. 라식이나 라섹 수술 여부는 관계없습니다. 체육관련학과 및 직종에서 일한 사람들의 점수가 높고, 군인 출신도 우대받습니다. 사회인 야구 심판 경력이 있으면 더 높습니다. 저는 여성 심판이 없던 때라 유리한 면이 있었습니다.

수업 내용과 지원자는 어떤가요.

사회인 야구 심판을 하기 위해 듣는 분들이 80% 정도입니다. 당연히 야구를 좋아하는 사람들이고요. 요즘엔 심판이 되겠다는 생각을 가지지 않은 순수한 팬들도 신청하세요. 야구 기록에 대한 흥미가 있거나 아나운서 지망생, 야구 관련 직종에서 일하시는 분들도 있습니다. 저는 민훈기 해설위원님과 같은 기수에 수업을 들었어요. 이론 수업에는 심판들이 갖춰야 할 덕목과 심리학, 국제경기를 위한 영어 회화 강의, 선수들의 스포츠 도박 관련 교육, 도핑 방식까지 전반적인 교육이 이뤄집니다. 보통 주말 오전엔 규칙을 포함한 이론 수업을 하고 오후에는 실기 수업을 합니다. 내용은 사설 기관들인 심판아카데미와 비슷합니다. 주심, 1루심, 2루심, 3루심별 위치와 역할을 배웁니다. 야구협회와 프로야구에서 심판을 하고 싶어 하는 분들도 있는데 정말 성적이 좋아야 해요.

심판학교를 나와도 협회 심판이 되는 확률은 낮죠.

저는 2기 교육을 마치고 자격을 얻었지만 사회인 리그에서만 심판을 봤습니다. 교육생들 지방 훈련을 지원하는 매니저 역할을 했는데 숫자가 모자라면 한 번씩 경기에 참여했습니다. 그러다 3기 때 또래 친구들이 교육을 받은 뒤 협회 심판이 되는 걸 보고 김광철 당시 야구심판학교장님께 "심판이 되고 싶다"라는 말을 했습니다. 처음에는 그냥 하는 소리로 들으신 것 같은데 이병석 당시 대한야구협회장께서 '여자 심판이 없다'라는 말을 한 걸 듣고 저를 추천해주셨습니다. 사회인 야구에서 활동하다 지방의 시도 야구협회에서 일하는 분들도 있습니다. 이 분들도 심판학교 출신들이 많아요.

여성이라 유리한 점도 있었지만 불리한 점도 많았을 것 같습니다.

시작할 때부터 편견과 싸워야 했습니다. '여자가 야구를 뭘 얼마나 알겠어'라는 선입견이요. 사회인 야구를 할 때도 이걸 극복하는 데 시간이 많이 걸렸습니다. 동호인 분들도 야구 경력이 많기 때문에 보는 눈이 높아요. 심판의 운영 능력이 어느 정도인지 금방 알아챕니다. 체력과 멘털적인 측면에서 늘 준비가 돼 있어야 합니다. 그래도 여성이라 좀 부드럽게 운영할 수 있는 것은 장점이라고 생각합니다. 나중에는 시간이 좀 지나니 농담을 할 정도로 여유가 생겼죠. 남편과 심판학교에서 만나 결혼했는데 남편이 같은 일을 하기 때문에 많은 도움을 받았습니다. 처음에는 얼마나 힘든 일인지 알기 때문에 반대했는데 지금은 제일 든든한 지원자입니다. 아이를 키우면서 일을 하니까 가족들에게는 미안합니다. 그래도 아들이 잘 커 줘서 고맙습니다. 아들도 처음엔 야구를 했는데 지금은 엘리트 축구 선수의 길을 걷고 있습니다. 요즘 중·고등부 시합을 가면 우리 아들 같아서 마음이 짠합니다.

멘털적으로도 체력적으로도 힘든 일입니다.

특히 체력적으로 더 노력을 하고 있습니다. 주말리그는 2경기를 연달아 보기도 하고, 중학교 경기는 3경기 연속 맡을 때도 있습니다. 여름에는 꽤 힘든데 체력 관리는 자신 있습니다. 사실 정신력이 더 중요합니다. 정신력이 떨어지면 체력적으로 힘에 부쳐요. 1년 차 때 TV 중계가 되는 경기에서 2루심을 본 적이 있는데 잘 안 보이는 위치에서 태그 상황 때 세이프를 선언했습니다. 판정에 자신 있으면 벤치에서 어필이 나와도 '정확히 봤다'라고 주장할 수 있는데 그렇지 않아서 위축됐습니다. 결국 비슷한 상황이 또 나왔을 때 실수를 저질렀습니다. 나중에 비디오를 보니 확실히 잘못 했더라고요. 그럴 땐 심판도 인간인지라 경기 내내 힘듭니다. 하지만 오심을 이겨낼 수 있어야 좋은 심판이 될 수 있습니다. 특히 학생 선수들은 경기 내용이 성적으로 연결되니까 더 집중하게 됩니다. 늘 '여기는 승부의 세계'라는 생각을 하고 경기에 임합니다. 시비가 붙었을 때 심판이 잘 봤다고 말씀해주시는 분들도 있는데 그럴 때는 어깨가 펴집니다. 감독님들도 이제는 심판의 일원으로 인정해주셨죠.

비선수 출신에 대한 차별은 없나요.

2012년 처음으로 황재원 심판원이 비선수 출신으로 뽑혔어요. 이듬해에

두 명의 선배가 대한야구협회 심판으로 촉탁받았습니다. 그때는 29명이 었는데 당시엔 4명이 비선수 출신이었습니다. 지금은 21명인데 저까지 2명이 비선출입니다. 사실 선수 출신에 비해 불리하다는 점은 잘 알고 있죠. 매년 계약 여부가 결정되는데 우리가 잘해야 문이 더 넓어진다는 걸 알기 때문에 더 열심히 하려고 합니다. 자기 경쟁력을 키워야죠.

급여가 궁금합니다.

고등학교 경기는 주심을 보면 15만 원 정도 받습니다. 초·중등부 경기는 11만 원 정도입니다. 지금은 인원이 줄어서 예전보다 1년에 맡는 경기 수가 늘었어요. 2025년엔 250경기 정도 맡았습니다. 지부에 계신 분들은 주말리그 위주로 일하고, 투잡을 갖는 경우도 많습니다. 그래도 대한 야구소프트볼 협회 심판들이 아무래도 많은 경기들을 진행하니까 좀 더 낫다는 평가를 받습니다. 지방 출장도 잦고, 심판 비용만으로 받는 돈은 많지 않죠. 그래도 돈보다는 명예로움이 우리를 지탱하는 원동력입니다. 오심에 대한 후회를 한 적은 있어도, '왜 이 일을 선택했을까'라는 후회를 해본 적은 없습니다. 주로' 대회가 하절기에 몰리기 때문에 심판 이외의 일을 같이 하는 분들도 있습니다.

요즘은 아마 대회에서도 ABS가 도입됐습니다.

고교 주말리그는 아직 심판들이 판정을 하지만, 전국대회는 ABS가 많이 쓰입니다. 심판 입장에선 편해졌죠. 확실히 경기에 대한 부담감은 줄어들었습니다. 특히 저희는 토너먼트 대회를 많이 맡으니까 한 경기, 한 경기에 대한 부담감이 큽니다. ABS가 생긴 덕분에 감독과 심판의 마찰이 줄기도 했습니다. 일관성과 공정성이 아마추어 야구에서는 중요하기 때문에 ABS 도입은 좋다고 봅니다. 다만 가끔 하이볼과 칠 수 없는 정도로 낮은 볼이 스트라이크로 선언됐을 때 타자들이 좌절하는 모습을 보면 안타까워요. ABS가 있지만 심판들이 할 일이 없는 건 아닙니다. 야구 규칙을 정확하게 숙지하고 진행해야 하죠. ABS가 제대로 작동하지 않았을 때의 진행에 대해서도 연구합니다.

PRESS ROOM

야구는 다른 종목과 달리 심판 자격증이 없다. 그래서 다른 종목보다는 심판이 될 수 있는 가능성은 높다. 일반인이 야구 심판이 될 수 있는 가장 빠른 방법은 심판과정을 밟는 것이다. 1982년 창설된 한국야구심판아카데미는 가장 오래된 교육기관으로 매년 강습회를 열고 있다. 매년 1월 4주 코스(토, 일요일)로 교육을 시행한다. 단, 심판으로 활동하려면 만 40세 이하여야 한다. 사단법인 대한 야구심판아카데미도 비슷한 과정의 교육을 열어두고 있다. 올해로 17기 수강생을 받았으며 역시 매년 1월 실시한다. 이곳을 수료한 경우에도 역시 사회인리그에서 활동할 수 있다. 교재비 등이 포함된 수강료는 30만 원 정도다. 수료증을 받고 참관 교육까지 마치면 본격적으로 심판으로 활동할 수 있다. 그러나 사회인 야구 심판은 본업으로 보기 어렵다. 경기당 받는 급여가 4~5만 원에 불과하기 때문이다. 겨울에는 경기가 없어 더욱 일자리가 줄어든다. 그래서 사회인 야구에서 심판으로 활동하는 이들은 본업이나 직장을 갖고 주말에 활동하는 부업이라고 보는 게 맞다. 심판을 '직업'으로 삼으려면 대한야구소프트볼협회나 시도야구협회에서 아마추어 경기를 맡는 심판이 되는 수밖에 없다. 과거에는 엘리트 선수 출신들에게만 기회가 있었지만 2008년부터는 야구심판학교가 다시 만들어지면서 비선수 출신 심판들을 배출하고 있다. 선수 출신들은 지연과 학연에 따른 문제가 발생할 수 있다는 지적이 있는 반면, 비선수 출신들은 그 부분에 있어서 문제가 될 소지가 없다. 심판학교 역시 선수 출신들을 우선으로 선발하지만 이른바 '구력'이 있는 지원자들은 합격률이 높은 편이다.

김민서 심판원처럼 심판학교에 지원하기 전에 사설 아카데미를 수료해 사회인리그 경력을 쌓으면 좀 더 유리하다. 심판학교는 매년 11월 개강하며 90% 이상 출석해야만 수료할 수 있다. 총점 60점 이상을 얻어야 하는데 출석점수 비중(30%)이 높아 어지간하면 수료증은 받을 수 있다. 그러나 협회 심판이 되기 위해서는 성적이 좋아야 하기 때문에 준비과정이 필요하다. 전문과정에 참여하는 인원이 100여 명이라고 보면 2~3명만이 바늘구멍을 통과했다. 대한야구소프트볼협회의 경우 매년 인원을 뽑지는 않고 결원이 생길 경우 수시로 채용한다. 매년 이뤄지진 않아도 적어도 2년에 한두 명은 채용했다. 아마야구 심판들의 보수나 처우는 열악하다. 기본급이 없기 때문에 심판들은 경기에 배정받지 못하면 수입이 생기지 않는다. 1년에 심판 활동을 통해 받는 돈은 3,000만~4,000만 원 정도다. 대회가 늘 있는 것이 아니기 때문에 개인사업이나 다른 직장을 갖는 경우도 있지만 이 경우에는 당연히 많은 경기를 배정받기 어렵다. 시도 야구협회 소속은 더욱 형편이 나쁘다.

상대적으로 프로야구 심판은 처우가 상당히 좋은 편이다. 심판학교 전문과정을 수료한 뒤 성적이 우수한 이들을 선발하는 데 평균연봉이 6,000만 원 정도고, 억대 연봉까지 받을 수도 있다. 정년(60세)도 보장되어 있다. 그러나 비선수 출신이 프로야구 심판으로 활동한 사례는 없다. 2군 리그에서 활동한 심판은 있었지만 1군 심판이 되진 못했다. 아무래도 신체적 능력이나 공을 따라가는 눈은 선출들이 뛰어나기 때문이다. 김민서 심판도 "아무래도 선수 출신들이 유리하다. 어렸을 때부터 빠른 공들을 봐왔기 때문이다. 나도 사회인 리그에서 활동하다가 대학 리그에 갔을 땐 타구 속도가 빨라 힘들었다"라고 말했다. 김병주 KBO 심판위원장은 "심판위원회에서도 언제든지 비선출 출신 심판을 뽑을 의사가 있다. 지금은 없지만, 언젠가는 탄생하지 않을까"라고 말했다. 또 다른 방법은 미국행이다. 메이저리그의 경우에는 비선수 출신 심판들의 비율이 더 높다. 운동신경이 뛰어나고 체력만 갖춰진다면 마이너리그에서 1,000경기 이상을 소화한 뒤 능력을 인정받아 메이저리그로 올라갈 수 있는 제도가 있다. 2018년부터 마이너리그 심판 생활을 시작한 김재영 심판이 대표적이다. 다만 김 심판위원 역시 중앙고와 마이너리그에서 뛰었던 선수 출신이다. 영어 능력이 뛰어나지 않은 비선출 심판으로선 도전하기 어려운 길이다. 그나마 다행인 것은 1990년대 후반 운영됐다 사라진 심판학교가 다시 문을 연 것이다. KBO 관계자들도 심판학교를 거쳐 협회에서 일한 심판들은 경험이 많기 때문에 프로의 문을 두드릴 수 있는 가능성이 있다고 본다. 실제로 비선수 출신들은 4년 만에 아마야구 최고봉인 대한야구소프트볼협회 심판으로 진출했다. '최초'라는 타이틀을 얻기 위한 의지가 있다면 얼마든지 문을 두드릴 수 있다.

SCOUTING REPORT

급여 수준	★★✫☆☆☆☆☆ 아마 및 사회인리그 심판은 업계 최저 수준	**25**
취업 난이도	★★★★★★★☆☆ 심판학교 수료는 쉬우나 야구협회 진입은 어렵다	**60**
향후 전망	★★★☆☆☆☆☆ '최초'의 비선출 출신 프로야구 심판은 언제 나올까	**30**
업무 강도	★★★★☆☆☆☆ 근무시간은 적으나 정신적인 강도가 높은	**40**
업무 만족도	★★★★★★★★☆ 한 경기를 책임진다는 무게와 쾌감이 있다	**70**

프로야구단 직원

/ 야구단의 살림을 맡는 숨은 일꾼들 /

BASEBALL TEAM STAFF

업무 개요

프로야구단과 관련된 전반 업무

급여 수준

4,000만 원 초반~5,000만 원 초반 (신입 사원 기준)

요구 어학 능력

영어

유용한 제2외국어

일본어

　야구단은 크게 ‘현장’과 ‘프런트’로 구성되어 있다. ‘현장’은 그라운드에서 싸우는 코칭 스태프와 선수들을 일컫는다. 프런트는 현장에서 필요한 것들을 지원한다. 프로야구 초창기에는 현장의 목소리가 컸지만, 메이저리그식 단장 중심 운영으로 흐름이 바뀌고 있다. 감독이나 선수는 팀을 떠날 수 있지만 프런트는 구단을 옮기는 일이 적기 때문이다. 문제가 발생하거나 결정을 내려야 할 때 좀 더 객관적이고 장기적으로 판단할 수 있기 때문에 점차 프런트의 역할이 커지고 있다. 과거에는 기업들의 홍보 수단에 불과했던 프로야구는 2006년 WBC, 2008년 올림픽 이후 폭발적으로 성장했다. 어엿한 산업으로 성장하면서 야구단의 규모도 커지고 있다. 야구단에 들어가기가 쉬운 일은 아니다. 숫자는 10개나 되지만 정직원 숫자는 50명을 조금 넘기 때문이다. 특히 전력 분석이나 스카우트팀과 같이 선수 출신 위주로 돌아가거나, 차량 운전, 구장관리 등 기능적인 업무를 제외하면 더욱 자리는 줄어든다. 꼼꼼히 야구단에서 수시로 내는 채용공고를 체크하고, 지방구단의 경우 완전히 낯선 곳에서 일하는 것도 각오해야 한다. 업무에 따라 다르지만 개인 생활을 포기하는 것은 염두에 두어야 한다. 프로 스포츠 중 가장 많은 144경기를 치르는 종목이 야구이기 때문이다. 게다가 대부분의 경기는 야간에 열리고, 휴일에는 오히려 업무가 늘어난다. 4개월 정도의 비시즌도 마찬가지다. 일부 업무는 오히려 겨울이 되면 더 바빠지기 때문이다. 물론 팀이 좋은 성적을 낸다면 그런 고통은 기쁨으로 바뀔 수 있다.

이
석
수
장
민
현

구단 운영을 책임지는 핵심 인력

석장현은 한화 이글스의 광팬이었다. 2년간 영국에서 생활해 영어 구사 능력이 뛰어난 덕분에 마케팅과 운영, 홍보, 통역, 스카우트 등 야구단에서 할 수 있는 모든 업무를 맡은 경험이 있다. 그만큼 영어 능력은 야구단에서 아주 중요하다. 이수민은 마케팅과 홍보 등 미디어, 팬과 접점이 높은 부서에서 주로 근무했다. 과거 야구단은 남성 비율이 90% 이상인 조직이었지만 여성 팬 비율 증가와 함께 여성 직원들의 비중도 높아졌다.

TIP! 영어 능력은 입사의 지름길

석장현 한화 경영지원실장은 대전 소재 대학 93학번으로 무역학을 전공했다. 군 복무를 마치고 휴학 중이던 그는 어학연수로 떠난 영국에서 2년을 보냈다. 석 실장은 "여러 가지 경험을 쌓다 보니 길어졌다. 스포츠 관련은 아니지만 아르바이트도 많이 했다. 그러다 졸업을 하려고 2003년에 한국에 들어왔다"라고 했다. 그러다 게시판에서 한화 구단의 직원 공고를 보고 지원서를 썼다. 이유는 단순했다. 야구를 좋아했기 때문이다. "여러 스포츠를 좋아했다. 특히 야구는 초등학교 1학년 때인 1982년부터 팬이었다(당시 OB 연고지는 대전이었다). 박철순을 좋아했다. 그러다 형과 삼촌들이 야구를 좋아해서 따라다니고 아마야구 경기도 보러 다녔다. 구대성과 안희봉이 뛰던 중고 시절 지역 예선전도 본 기억이 있다. 대학 때는 소개팅으로 만난 사람을 밥만 먹고 야구장에 데려간 적도 있다. 막상 직장으로 야구단을 선택하려니 '취미를 일로 하는 것이 좋을까'란 고민을 하긴 했다"라고 떠올렸다. 자신의 강점이 영어라고 생각한 석 실장은 야구단 원서를 낸 뒤 영어 공부를 집중적으로 했다. 일반 영어와 달리 야구와 관련된 내용들이나 계약에 관련된 내용을 훑어봤다. 결과는 합격. 서류 전형과 면접을 무난하게 통과했다. 석 실장이 입사할 수 있었던 이유는 영어였다. 석 실장은 "당시에는 구단 내에 영어를 잘하는 사람이 많지 않았는데 (1998년부터 외국인 선수 제도가 시행돼) 외국인 선수의 역할이 점점 커지고 있었다. 테스트에서 일정 점수 이상을 받은 사람 중에 영작 시험을 따로 봤다. 일반 영작이 아니라 외국인 선수 계약과 상황에 대한 어떻게 문서를 보내고 답변할 것인가에 대한 내용이었다. 야구 쪽 영어를 모르는 사람은 답하기 어려운 내용이긴 했다. 만약 당신이 '외국인 선수 통역이라면 어떻게 지시를 전달할지, 해고할 때 방출 통보를 어떻게 할지'라는 질문도 있었다. 야구에 대한 의견도 물어보고, 팀에 대한 상황, FA 영입에 대한 전망 등도 면접에서 봤다"라고 설명했다. 구단마다 명칭과 크기는 조금씩 다르지만, 일반적으로 야구단은 5~6개 부서로 구성된다. 선수단 지원과 구성을 맡는 운영팀, 티켓과 광고 영업 등을 맡는 마케팅팀, 팬과 미디어 관련 부서인 홍보팀(커뮤니케이션팀), 신인 선수 선발을 하는 스카우트팀, 경기 분석을 하는 전력 분석팀, 그리고 일반적인 경영, 인사업무를 맡는 관리팀 등이 있다. 스카우트팀이나 전력 분석은 대부분 선수 출신들로 구성되고, 비선수 출신들의 비율은 전체 직원의 60~70% 정도다. 석 실장은 처음엔 마케팅팀에서 일했고, 이후 운영팀에서 8년 동안 근무했다. 석장현 실장은 "선수단 관련 전반적인 일을 하는 곳이다. 훈련용품 관리와 국내 및 전지훈련 장소 섭외, 운영, 그리고 선수단이 먹고 자는 것, 연봉 관리와 각종 기록 달성, 전력분석 데이터베이스 등 방대하다. 야구적인 측면 외에도 규약이나 행정업무를 맡는다. 행정업무는 일반 회사와 비슷하다. 내 경우에는 연봉 계약 빼고 모든 업무를 경험했다. 훈련용품 담당을 했을 땐 구단의 프라이드라고 생각해서 예산을 늘리더라도 선수들이 사용하는 좋은 물건으로 바꿨다. 전지훈련을 떠나면 똑같은 식당을 이용할 때가 많다. 그러면 선수들이 지겨워하기 때문에 틈틈이 변화를 줬다. 그런 사소한 것까지 체크하는 게 운영팀 직원들이 하는 일"이라고 했다.

TIP2 냉정과 열정 사이

운영팀은 선수 영입, 방출을 맡는 부서다. 인간적으로 친한 선수들을 비즈니스적으로 상대해야 할 때도 있다. 석 실장은 "참 어려운 부분이다. 현장에서 트레이드 요청이 있을 때 아끼던 선수들이 나가면 프런트 입장에서는 좌절감이 크다. 팬이었다가 직원이 되는 분들은 이런 면에서 각오를 해야 한다. 구단 직원은 선수들하고 친해지는 게 아니라 그들을 평가하고 때로는 자르고, 데려와야 하기 때문이다. 야구에 대한 열정 못지 않게 냉정함도 갖춰야 한다. 나는 선수들과는 되도록 거리를 두려고 한다. 언제든지 내가 그 선수를 자를 수 있기 때문이다. 예전에는 선수들이 쓰던 용품을 반납받기도 했다. 인간적으로 어려운 말들을 해야 하는 일"이라고 했다. 석 실장은 이후 홍보팀을 거쳐 운영팀장으로 승진했다. 그리고 2021시즌을 앞두고 전략팀장으로 선임됐다. 당시 오랜 부진에 빠졌던 한화는 박찬혁 대표이사 선임 이후 구단 안팎으로 큰 변화를 줬다. 구단 최초로 외국인 사령탑인 카를로스 수베로 감독을 영입했고, 김태균이 은퇴하는 등 리빌딩 작업을 진행했다. 그 중심에 석 실장이 있었다. 석 실장은 "예전과 달리 이제는 구단 운영을 현장에만 의존하지 않는다. 3~5년 중장기 플랜을 갖고 선수단 구성을 해야 하기 때문에 계획을 짜고, 어떤 육성을 할 건지 키울 건지 논의한다. 특히 외국인 선수가 팀 전력의 30% 정도나 되니까 꾸준히 선수 풀을 체크한다"라고 했다. 외국인 선발은 구단 상황에 따라 이뤄진다. 무조건 최고의 선수를 뽑기보다는 비용, 성격, 팀 상황 등을 냉철하게 고려해야 한다. 단적으로 석 실장

이 계약 업무를 맡았던 카를로스 비야누에바와 크리스 카펜터는 정반대
라고 볼 수 있다. 비야누에바는 메이저리그에서 활약했고, 카펜터는 대
만 리그에서 뛴 선수였다. 석 실장은 "비야누에바는 우리 선수들에게 귀
감이 될 수 있는 선수였다. 기량 외적으로도 태도나 인성이 좋았고, 퇴단
이후에도 많은 도움을 줬다. 당시 운영팀에서 일했던 허승필(현 키움 히어
로즈) 단장이 영입한 에스밀 로저스는 압도적인 에이스가 필요해서 데려

온 선수였다. 카펜터는 당시 우리가 육성 기조였기 때문에 비용을 많이 들이지 않고 팀에 어울릴 수 있는 선수로 선발했다"라고 설명했다. 석 실장은 이후 독립리그 스카우트를 거쳐 경영지원실로 배속됐다. 구단에서 할 수 있는 일들을 거의 다 맡아본 셈이다. 석 실장은 "예전보다 구단 직원 선발이 전문적이고 체계화됐다. 예전엔 좋은 스펙을 보고 뽑아 놓고 배치했다면 지금은 필요한 유형의 인력을 찾는다. 디지털마케팅이면 편집이나 영상을 전문인 사람을 찾고, 데이터팀은 데이터 관련 능력을 본다. 마케팅 전문 인력도 경력이나 특장점을 본다"라고 최근 경향을 설명했다.

TIP3 팬이 아니어도 야구단에 갈 수 있다

LG 트윈스 홍보팀 이수민 책임은 베테랑 프런트다. 여성 직원 비율이 10%도 안 되던 시절인 2005년 5월 입사해 20년 이상 근무했다. 하지만 이 책임은 입사 전까지 야구 팬이 아니었다. 이 책임은 "아버지와 오빠가 스포츠를 좋아해서 자연스럽게 접하긴 했지만, 야구보다는 농구를 좋아했다. 그런데 남자친구가 야구를 좋아해서 야구장에 자주 갔다. 2000년대 초반에는 야구 인기가 높지 않을 때라 텅 빈 3루석에 앉아 데이트했다. 사실 야구에는 큰 관심이 없어서 잘 몰랐다"라고 웃었다.

그가 야구단에 지원하게 된 건 아르바이트 경험 덕분이었다. 야구 경기가 열릴 때는 상당히 많은 숫자의 파트 타임 직원들이 일한다. 배트보이, 볼 걸처럼 경기 진행을 돕는 파트도 있고 티켓팅과 좌석 입장 안내, 안전요원, 식료품 판매, 응원단 지원 등 다양한 영역이 있다. 이수민 책임은 의전 아르바이트를 1년 이상 했다. 야구장을 찾은 그룹 인사나 VIP를 안내하고, 서비스하는 일이었다. 그러면서 구단 마케팅 파트 직원들과 친해졌고, 구단에서 마케팅팀 직원을 뽑으니 지원해보라는 권유를 받았다. 큰 기대는 하지 않았지만, 결과는 좋았다. 자기소개서로 서류 전형을 통과했고, 2차 면접도 합격했다. 이 책임은 "통계학과 98학번인데 지도교

수님이 '야구단에서는 전공인 통계학도 살릴 수 있다'라고 추천했다. 야구단도 조직이니까 학교생활이나 조직 생활에 대한 질문이 있었다. 내 경우엔 마케팅팀 직원으로 선발했기 때문에 서비스 정신이나 팬 관련, 구단 회원을 늘리는 아이디어 등을 질문받았다"라고 설명했다. 야구에 대해서는 잘 몰랐지만, 야구단이 돌아가는 건 어느 정도 알고 있었기에 업무에 적응하는 건 어렵지 않았다. 마침 야구단이 팬 데이터베이스를 만들기 시작하던 시기였다. 이 책임은 "회원 관리가 첫 보직이었다. 모집과 이벤트 기획, 서베이 등을 진행했다. 여러 가지 마케팅을 실험하던 때이기도 했다. 당시 야구단은 여러 가지 마케팅을 경쟁적으로 내세웠다. LG가 잠실 라이벌 두산에게 지면 해당 경기 입장권을 가진 팬에게 다음 경기를 무료로 입장시켜주는 이벤트를 한 것도 그때다. 구단 고위층에서 발상의 전환이라고 내놓은 아이디어였지만 역대 최악의 마케팅 사례로 남았다. 팬들의 마음을 헤아리는 게 정말 중요하다는 걸 알게 된 경험"이라고 했다.

TIP4 감독, 선수, 팬, 미디어와 모두 가까운 사람들

마케팅팀에서 근무하던 이 책임은 LG 스포츠(야구단과 농구단 운영회사) 사장 비서로 일했다. 그러다 2015년 육아휴직에서 복귀하면서 홍보팀으로 발령받았다. 홍보팀은 팬과 미디어 대응을 맡는 구단의 입, 그리고 귀 같은 역할을 한다. 이 책임은 "보통 출근하면 기사 스크랩을 하고 당일 뉴스들을 모니터링한다. 중요한 내용은 직원들에게 전달한다. 기자들과 통화를 하면서 인터뷰 일정을 잡고 선수들이 부탁하는 내용을 파악한다"라고 했다. 홈 경기가 있는 날은 업무가 늘어난다. 기사에 활용되는 경기 자료를 만들고 경기 전후 감독 및 선수 인터뷰를 준비한다. 구단에서 전달해야 하는 이슈(기록 달성, 선수 영입, 1군 콜업 등)을 안내한다. 중계 방송사의 카메라 위치를 조정하고 경기 뒤 수훈 선수 인터뷰 준비를 하고, 감독 멘트를 정리하는 것도 홍보팀 직원들의 몫이다. 야구단에서 가장 많이 원정 경기에 동행하는 부서는 운영팀 일부 파트와 전력 분석팀이다. 그리고 다음이 홍보팀이다. 이 책임은 "한 달에 두 번 정도는 원정 경기 출장을 떠나고 주말에는 한 번 정도 쉰다. 워라밸과는 거리가 멀다. 개인적으로는 남편이 이해를 잘해주고, 아이들을 돌봐줄 수 있는 가족이 있어서 할 수 있었다. 기혼자 직원들은 일반 직장인들보다 많은 야근이나 주말 근무 때문에 고민한다. 가족여행을 가도 항상 전화를 챙긴다. 홍보팀의 경우 내가 전화를 안 받으면 누군가에게는 해야 하니까 어지간하면 본인이 해결하는 분위기다. 통화가 안 되면 안 되니까 사우나 갈 때 미리 다른 직원에게 부탁할 정도로 예전엔 엄격하기도 했는데 최근엔 그래도 휴일 근무자는 배려하는 편"이라고 했다. 그래도 대체 휴무제를 통해 최소 주 1회 휴무는 보장하고, 남은 휴일들은 정규시즌 이후 사용할 수 있게 하는 분위기다. 야구단 직원들이 가장 많이 받는 질문은 '선수들과 친하게 지내느냐'다. 선수들과 자주 보는 운영팀과 홍보팀 직원들은 친분이 있는 편이다. 이 책임은 "아무래도 가깝게 된다. 성적이 좋을 땐 편하게 이야기하고, 성적이 힘들 땐 '인터뷰를 안 하고 싶다'라고 편하게 이야기도 한다. 홍보팀도 선수들의 속사정이나 컨디션 같은 걸 체크해야 하기 때문에 이야기를 많이 하게 된다"라고 했다. 여성 직원의 고충은 없을까. 이 책임은 "라커룸에는 들어가기가 어렵기 때문에 할 말이 있으면 전화로 불러낸다. 이제는 익숙해져서 크게 불편하진 않다"라며 "아무래도 여성 직원들이 좀 더 세심한 편이라 (미디어, 선수가) 편안하게 느끼는 부분도 있다. 그래서 좀 더 감정적으로 편하게 이야기를 나눈다. 남자도, 여자도 할 수 있는 일"이라고 했다. 야구단이 존재하는 이유는 팬이다. 그래서 야구단 직원들에겐 팬 서비스가 가장 중요한 부분 중 하나다. 이 책임은 "2017년 첫 출산을 하고 '치어리딩 스쿨'을 기획했다. 치어리더들이 초등학교 학생들을 대상으로 응원을 지도한 뒤 마지막엔 홈 경기 그라운드 공연을 하는 프로그램이다. 부모님과 아이들 모두 만족해서 꾸준히 이어지고 있는 이벤트다. 일을 하면서 팬들과 함께 성과를 내고 즐길 수 있는 게 매력적인 직업인 것 같다"라고 했다. 구단 직원 채용은 아무래도 필요할 때마다 이뤄진다. 그러나 예전보다 야구 인기가 올라가면서 직원 숫자가 늘었고, 그만큼 채용 횟수나 숫자도 늘었다. 이수민 책임은 "2025년엔 이례적으로 마케팅 파트, 디지털 소셜 미디어 파트 등 4명이나 신입사원을 뽑았다. 물론 경력직을 우대하는 경향이지만, 경력이 전혀 없는 지원자도 채용한다. 다만 조직에 어울릴 줄 아는 사람이 좋은 평가를 받는 건 일반 회사와 비슷하다"라고 했다. 이어 "업무적인 스트레스가 그렇게 크진 않다. 선수단의 성적과 업무 성과가 많이 연결되기 때문에 우승을 하면 성과급을 많이 받긴 한다. 그래도 부서마다 조금씩 KPI(Key Performance Indicator, 핵심성과지표)가 다르기 때문에 무조건 팀 성적에 따라 고과가 결정되는 건 아니다"라고 했다.

EXTRA INNING
-통역의 세계-

KBO리그에서 뛰는 외국인 선수는 40명(2026년 기준)이다. 아시아 쿼터제도가 도입되면서 10명의 선수가 늘어났다. 그만큼 구단에서 필요한 인력이 생겼다. 바로 통역이다. 대체로 구단들은 외국인 선수 1명당 1명의 통역을 두는 편이다. 간혹 같은 언어를 쓰는 선수가 많으면 숫자를 줄이기도 하지만, 대체로 1 선수 1 통역 체제를 꾸린다. 국내에선 통역들이 경기장 밖에서의 '생활'까지 돕기 때문이다. 외국인 지도자들도 대부분 구단에서 통역을 마련해준다. 외국인 선수 제도가 도입된 초기엔 대부분의 통역이 파트타임이었다. 그러나 2000년대 이후엔 계약직으로 뽑는 경우가 대부분이고, 경력이 쌓이고 능력을 인정받으면 구단 정직원으로 채용된다. 앞서 말했듯 통역의 경우 말을 전해주는 업무만 하는 게 아니다. 선수와 하루 종일 함께 하면서 생활 전반을 관리해줘야 한다. 연예인의 매니저와도 비슷하다. 선수가 이동하는 날엔 운전을 해주고, 캐치볼을 하거나 타격 훈련을 돕는 등 도우미도 된다. 말이 안 통하는 선수를 위한 친구와 말동무가 되고 가족들까지 챙겨줘야 할 때도 있다. 개인적인 시간이 그만큼 없다는 뜻이다. 야구에 대한 이해도도 매우 중요하다. 야구를 전혀 모르면 의사 전달에 어려움이 있을 수밖에 없기 때문이다. 그래서 채용 과정에서도 이 점을 가장 중요하게 본다. 야구는 멘털 게임이라 선수의 상태가 매우 중요하다. 기분을 파악하거나 잘 맞춰줄 수 있는 무던한 성격을 선호하기도 한다. 다만 높은 업무 강도만큼 대우를 해주는 건 아니다. 정직원이 되기 전까지는 '열정 페이'라고 해도 무방할 정도다. 석장현 실장은 "사실 국내 야구 풍토에서는 외국인 선수를 소모품처럼 생각하는 경향이 있다. 하지만 외국인 선수들도 눈치가 빠르고 분위기를 잘 안다. 기가 죽어서 제대로 하지 못하는 부분도 있다. 인간적으로 야구 외적으로 편하게 만들어주는 게 통역들의 일이다. 기본적인 것은 물론 언어지만 선수들의 이야기를 많이 들어야 한다. 야구에 대한 이해와 경청, 통역에게는 그 두 가지가 필요하다"라고 했다. 대신 능력을 인정받으면 커리어를 키우기 쉬운 직종이 통역이기도 하다. 통역들은 외국어 능력을 기본적으로 갖췄고, 외국인 선수에게 무엇이 필요한지 잘 알기 때문에 국제 업무에 강점을 보인다. 허승필 키움 단장과 나도현 KT 단장은 통역 업무를 맡다가 점차 성장해 단장까지 올랐다. 해외 진출 선수들과 함께 해외 팀에서 일할 기회가 생기기도 한다. 구단에서 통역을 구해주기도 하지만, 선수가 마음맞는 사람을 추천하면 함께 채용하는 경우도 있기 때문이다. LG 국제업무파트 김정덕 책임의 경우 LG에서 통역으로 일한 인연으로 박병호와 함께 미네소타 트윈스에서 통역으로 근무하기도 했다. 이정후의 통역인 한동희 씨는 NC에서 에릭 페디의 통역으로 일했다. 이정후와 페디는 같은 보라스 코퍼레이션 소속이었고, 이를 계기로 샌프란시스코 자이언츠에서 이정후의 통역을 맡았다. 외국 구단에서 일하는 케이스도 있다. 일본프로야구 니혼햄 파이터즈 권재우 디렉터는 SSG 와이번스 프런트 출신이다. 2013년 SK 와이번스에 입사한 그는 2025년부터 니혼햄으로 이직했다. 마케팅팀에서 TV 광고 제작, 홈페이지 운영, 한국 관련 업무를 맡고 있다. 10대 때 일본에서 1년 반 정도 거주했던 그는 야구팀 입사 이후 일본어 공부를 열심히 했고, 자연스럽게 일본 관련 업무를 많이 맡았다. 이를 계기로 일본 구단 관계자들과 자주 접촉했고, SSG와 MOU를 체결한 니혼햄의 입사 제의를 받게 됐다. 권 디렉터는 "일본 리그 관계자들과 만날 때마다 배우는 것들이 있어서 경험해보고 싶었다"며 "한국 구단과 일본 구단의 규모 차이는 있지만 업무나 환경의 차이는 아주 크지 않다. 조직 문화가 조금 다르긴 하지만 많은 것들을 느끼고 돌아볼 수 있는 기회"라고 전했다. 세이부 라이온스에도 세계야구소프트볼연맹(WBSC)에서 일하다 이직한 김빛샘씨가 근무 중이고, 간간이 일본 구단에서 한국인 직원을 뽑기도 한다. 권재우 디렉터는 "일본 구단에서도 한국인 직원들이 일하는 경우가 있다. 다만 대다수는 일본에서 대학을 졸업한 경우"라고 했다.

PRESS ROOM

야구단에서

일하는 길은 다른 직종보다는 다양한 편이다. 구단에서 필요할 때마다 채용 공고를 내는 편이지만, 거의 매년 신입사원을 모집한다. 그뿐만 아니라 재무, 마케팅, SNS홍보, 영상물 제작 등의 경력직으로도 지원할 수 있다. 과거에는 '멀티 플레이어'에 무던한 인재를 원했다면 야구단 내에서 점점 업무가 분화하면서 '스페셜리스트'를 원하는 분위기로 바뀌고 있기 때문이다. 야구에 대한 지식이나 경험이 많지 않더라도 얼마든지 입사가 가능해졌다. 구단마다 원하는 인재상은 물론 조금씩 차이가 있다. 기업들의 색깔이 다르듯 야구단들도 각자의 상황이 조금씩 다르기 때문이다. 예를 들면 히어로즈의 경우 그룹 지원금이 없어서 이들은 네이밍 스폰서를 비롯한 마케팅 업무에 힘을 쏟고 있다. 그래서 다른 구단들보다 많은 8명의 마케팅 전담 직원을 두고 있다. 당연히 마케팅이나 영업 경험이 있는 사람이 들어갈 가능성이 높다. LG와 KT는 야구단과 농구단을 함께 운영하고 있다. 야구는 물론 농구에 대한 지식까지 갖추고 있다면 높은 점수를 받을 수 있다. 지방 구단은 당연히 연고지에서 거주하면서 근무하는 게 필수적이다. 자신의 강점을 전략적으로 가다듬는다면 그 어느 곳보다 취업 성공확률이 높은 게 야구단이라는 뜻이다. 현직 근무자들은 디자인이나 영업 마케팅, 유튜브 편집 제작 부서로 입사하기 위해서는 포트폴리오를 꼼꼼하게 만들어두는 게 도움이 될 거라고 추천했다. 회계학, 법률, 지원 부서는 특히 경력직의 비중이 높아 신입사원은 어렵다. 해당 부서의 경우 일반 직장과 똑같이 근무하면서 야구단의 일원이 될 수 있다는 게 장점이다. 경영이나 회계 관계자들은 야구에 대한 지식보다는 해당 업무 경력을 우선시한다. 야구단에서 일하고 싶은 마음이 있다면 야구단만 바라보지 않고 준비하길 권하고 싶다. 야구계는 전반적으로 외국어 능력을 높게 평가받는 분야다. 야구단도 그런 경향이 강하다. 석장현 실장은 "외국어가 매우 중요하다. 스페인어도 중요하다고 생각한다. 히스패닉 야구 선수들이 많고, 영어를 못하는 외국인들도 있다"라고 했다. 일본어 능통자 역시 구단에서 선호한다. 전지훈련지로 일본을 선호하고, 아시아쿼터 제도가 도입되면서 일본 선수 영입 및 일본 구단과의 미팅도 늘어나기 때문이다. '야구 박사'일 필요는 없다. 데이터 분석, 전력 분석 파트라면 정말 야구를 잘 알아야겠지만, 마케팅/소셜/기획 부서는 어느 정도 흐름만 알아도 충분히 업무가 가능하다. 대신에 보고서 작성이 잦기 때문에 기획력과 글쓰기 능력이 필요하다. 사람들과의 소통 능력도 필요하다. 기본적으로 '현장'과 '프런트'는 협력관계지만, 대립하기도 한다. 현장은 당장의 성적, 프런트는 장기적인 안목의 구단 운영을 더 중시하기 때문에 생기는 일이다. 구단의 방향을 현장에 잘 설명하고 설득하는 것도 야구단 직원들이 해야 하는 일이다. 야구단 직원도 선수처럼 평가를 받는 대상이다. 석장현 실장의 경우 운영팀장 시절 한화 구단을 소개한 다큐멘터리 '한화이글스:클럽하우스'에 출연하면서 인지도가 높아졌지만, 팬들의 비난도 그만큼 많이 받았고, 주요 업무에서 배제되기도 했다. 석 실장은 "내가 욕먹는 건 상관없는데 가족들까지 욕을 하니까 힘들긴 했다"라고 했다. 무엇보다 당장 일에 투입될 수 있는 갖춰진 인재를 원한다는 걸 잊지 말아야 한다. 그래서 구단에서 뽑는 인턴이나 명예기자를 통해 성향과 조직을 파악하는 것도 큰 도움이 된다. 김성용 SSG 파트장은 KBO 객원마케터, 지역과 대학 등에서 운영하는 명예기자, 스포츠산업 관련 대학원 전공을 했던 경력을 인정받았다. 구단들은 이런 사람들을 눈여겨봤다가 채용 원서를 내면 우선적으로 연락을 주고 선발하기도 한다. 본인이 야구단에서 얼마나 일하고 싶고, 얼마나 야구를 좋아하는지를 보여주기에는 최고의 이력이라고 할 수 있다. 성별은 큰 문제가 되지 않는다. 이수민 책임처럼 육아휴직, 출산휴가를 사용하는 것도 가능하다. 이 책임은 "현재 LG는 11명이 여성 직원이다. 2025년 신입사원 중에선 4명 중 3명이 여성이었다. 여성 팬의 비율이 늘어난 만큼 지원 비율도 높아졌다. 아무래도 선수들이 다 남자라는 점이 불편할 때가 있지만 큰 문제는 없다"라고 했다. 가장 필요한 소양은 야구에 관한 관심과 사랑이다. 아무래도 일반적인 직장과 근무 패턴이 전혀 다르기 때문에 그런 점들을 감수할 수 있어야 한다. 향후 전망은 밝은 편이다. 구단 프런트의 경우 경험과 기량을 쌓을 경우 더 높은 직급으로 승진하는 사례가 많다. 아직 사장이나 단장을 모그룹에서 임명하는 경우가 많지만, 점점 야구단 직원들의 전문성을 인정하는 추세다. 히어로즈를 제외하면 대기업들이 구단을 운영하는 만큼 처우가 안정적인 것도 장점이다. 이직 가능성도 열려 있다. 야구단의 업무는 다양해 다른 직종으로 이직하기 쉬운 편이다. 다른 스포츠업계로의 진출도 활발하다. 업무가 많고 시장이 큰 만큼 야구단 출신들은 능력을 인정받는 편이기 때문이다. 개인적으로 야구계에서 일하고 싶다면 야구단 직원을 추천하고 싶다. 비정규직까지 포함하면 10개 구단에서 일하는 직원은 600~700여 명 정도다. 그중 비선수 출신의 비율은 절반을 넘는다. 복리후생도 보통 야구단 모기업에 준하는데, 대기업이라 급여나 업무 환경은 좋은 편이다. 야구계 다른 직종에서 일하다 경력직을 모집할 때 야구단으로 옮기는 사례가 많은 것도 그런 이유에서다. 정기적으로 공채를 뽑지는 않지만 수시 채용이 자주 이뤄진다. '스포츠잡 알리오'와 같은 채용 안내 사이트를 자주 찾아서 정보를 입수하는 것을 추천한다. 단, 한화, 롯데, KIA, 삼성, NC 등 지방구단들은 해당 지역에서 거주해야 한다는 점을 잊어서는 안 된다. 한 가지 보태면 아직 KBO리그 구단들은 '수익'을 내는 데 집중하는 게 아니라 '홍보'와 '성적'을 우선시 한다. 그러다 보니 다소 밖에서 보기엔 잘 이해되지 않는 운영방식이나 의사소통이 이뤄지기도 한다. 이를테면 구단주의 결정에 따라 프런트 오피스의 방향성이 바뀐다거나 현장과의 충돌에 의해 갑작스럽게 흐름이 달라질 수도 있다는 점이다. 그래도 늘 변화에 긍정적으로 대처하고, 능동적으로 빠르게 따라갈 수 있어야 한다. '성실한' 사람도 좋지만 '똑똑한' 사람을 우대하는 게 야구단이라는 조직이다.

SCOUTING REPORT

| 급여 수준 | ★★★★★★☆☆ | 60 |
| 일반적으로 모기업 평균 연봉에 수렴 | | |

| 취업 난이도 | ★★★★★☆☆☆ | 50 |
| 신입과 경력직 모두 자주 뽑는 편 | | |

| 향후 전망 | ★★★★★★☆☆ | 60 |
| 프런트의 전문성을 인정받는 추세 | | |

| 업무 강도 | ★★★★★★★☆ | 65 |
| 프로스포츠 중 가장 많은 경기 수 | | |

| 업무 만족도 | ★★★★★★☆☆ | 55 |
| 구단 성적에 따라 요동치는 만족도 | | |

야구에서 사용하는 20-80 스케일을 기준으로 점수를 평가하였습니다.

05

트레이너

선수의 몸과 마음까지 쓰다듬는 '힐링 캠프'

PHYSICAL
TRAINER

업무 개요

부상 예방 및 관리, 치료 및 재활, 트레이닝

급여 수준

연 3,000만 원대 초반~3,000만 원대 후반(신입 기준)

필수전공

체육 또는 보건 계열

요구 어학 능력

영어

유용한 제2외국어

일본어

우대 경력

트레이너 관련 업무

야구단에서는 트레이닝 파트의 비중이 점점 커지고 있다. 1990년대까지만 해도 트레이너들은 선수들 마사지나 해주고, 부상을 돌봐주는 정도의 역할만 했지만 지금은 아니다. 선수들의 몸값이 천정부지로 오르면서 다치고 난 뒤 치료보다 예방에 무게를 두고 있기 때문이다. 뿐만 아니라 선수들이 좀 더 야구를 잘 할 수 있는 체격조건을 갖출 수 있게 돕는 것도 트레이너의 역할이다. 무게중심도 재활/치료 쪽에서 스트렝스/컨디션 향상 쪽으로 옮겨지고 있다. 코칭 스태프와의 소통도 많이 달라졌다. 예전에는 감독이나 코치들이 트레이너들에게 '이렇게 해달라', 'A선수를 뛸 수 있게 만들어라'라고 지시를 하는 쪽이었다면 지금은 '이건 어때냐', 'B 선수가 뛰어도 되겠느냐'로 바뀌고 있다. 메이저리그에서 트레이닝 파트가 큰 비중을 차지하는 것처럼 국내에서도 그 위상이 높아지고 있는 것이다. 실제로 최근엔 '트레이닝 코치', '컨디셔닝 코치'란 직함을 만들며 트레이너들을 대우하고 있다. 프로야구단 트레이너가 되는 일반적인 루트는 대학에서 관련학과를 졸업한 뒤 트레이닝 관련 자격증들을 따고, 관련 경력을 쌓는 것이다. 현재 야구단에 소속된 트레이너들은 대다수가 사단법인 대한선수트레이너협회(www.rkata.or.kr)에서 발급하는 선수트레이너 자격증(Athletic Trainer Certified·이하 ATC)과 물리치료사 자격증을 갖고 있다. 야구뿐 아니라 축구, 농구, 배구 등 프로팀들의 트레이닝 코치와 트레이너들은 AT 자격시험을 치렀다. ATC를 얻으려면 대학에서 체육 또는 보건 계열(체육 및 물리치료 분야) 전공 학과를 나와야 한다. 재학 중에는 AT 전공 교과목을 20학점 이상 이수하거나 대한스포츠의학회에서 이에 상응하는 평점을 받아야 한다. 4년제 대학 졸업자 또는 졸업예정 자는 곧바로 응시할 수 있고 2년제 대학 졸업자는 졸업 후 2년간, 3년제 는 1년간 현장실습을 경험해야 한다. 타 학과 전공자의 경우 체육, 보건 관련 석사를 취득해야 한다. 기초학문영역 시험을 합격해야 ATC 자격시 험에 응시할 수 있다. 평가시험은 1년에 1번 정도 열린다. 미국에서도 자 격증(NATA ATC)을 딸 수 있지만 '영어'로 공부해야 하고, 더 많은 현장 경험을 요구한다. NATA ATC 소지자의 경우 이수 과목들을 확인하는 과 정을 거친 뒤 심층 면접을 보고 1년 내 평점 150점 이상을 취득해 KATA 회원이 될 수 있다. 세미나 참가, 자격 연수, 학술대회 등에 참여해 300점 이상의 평점을 얻어야 한다. 대한선수트레이너협회가 1년에 2번 정기 학 술대회를 여는데 평점이 50점으로 가장 크다. 단기간에 평점을 따려면 3 월부터 6월까지 진행하는 자격 연수 과정을 밟는 것이 좋다. 매 주말 120 시간 과정을 여는데 1시간당 3점을 받을 수 있다. 이 수업만 들어도 300 점을 채울 수 있다. 운전면허처럼 이론시험도 있다. 140문제가 출제되는 데 70% 이상 맞히면 합격이다. 심폐소생술(CPR) 수료증도 필수다. 자격 시험은 필기시험, 실기시험, 상황 해결 능력 평가시험의 세 분야로 300 점 만점이다. 필기시험은 5개 분야로 총 50문제가 출제된다. 실기시험은 테이핑과 이학 검사로 나뉜다. 테이핑은 말 그대로 제한 시간 5분 안에 발목 테이핑을 직접 한 뒤 모양과 현장에서 일하는 전문 트레이너들이 채점한다. 이학 검사는 스페셜 테스트라고도 한다. 병원에서 의사들이 '어느 부분이 아파요?'라고 물어보면서 문제가 있는 부분을 확인하는 것 이다. 어깨, 발목, 관절 등 부위별로 진행하는 시험이다. 상황 해결 능력

평가는 현장에서 일어나는 상황을 예시하면 구술로 대처 방법을 설명한다. 이를테면 '축구 선수가 땅 뒤쪽을 찼을 때 어떻게 대처할 것인가'를 설명하는 것이다. ATC가 있더라도 곧바로 야구단에 들어갈 수 있는 건 아니다. 구단마다 10명 정도의 트레이너를 두는데 결원이 생겨야만 가능하다. 스포츠 전문 클리닉이나 다른 종목에서 일을 하다 야구단에 들어가는 경우도 있다. 선수들의 경우 어느 정도 지표를 통해 경기력을 객관화시킬 수 있지만 트레이너는 그렇지 않다. 그래서 대학 시절부터 여러 가지 활동을 하며 경험을 쌓고, 커리어를 만들어 나가는 게 중요하다. 교정운동전문가(CES), 근력컨디셔닝전문가(CSCS) 등의 자격증도 미리 따두거나 준비해 두면 취업에 유리하다.

신재윤

선수단에서 가장 일찍 출근해서 가장 늦게 퇴근하는 사람들

신재윤은 평범한 체대생이었다. 복학 이후에 본격적으로 AT가 되기 위한 준비를 했고, 정석 코스를 밟아 히어로즈 구단에 들어가게 됐다. 트레이너가 되는 과정도 어렵지만 야구단에서 일하는 건 더 힘들다. 수십 명의 선수들의 몸을 10여 명의 트레이너들이 세심하게 살펴야 하기 때문이다. 그래서 꾸준히 새로운 이론을 공부하고, 익히는 게 중요하다. 선수들에게 왜 이 운동을 해야 하고, 어떤 부분이 효과적인지 잘 설명할 수 있는 능력도 필요하다고 했다.

TIP! 체육, 보건 전공은 필수

키움 히어로즈 신재윤 트레이너는 학창 시절 운동을 좋아했고, '체육 교사가 되는 게 어떨까'란 생각으로 체대 입시를 준비했다. 신 트레이너는 "2010년 경희대 스포츠의학과에 입학했다. 학교마다 학과마다 전형이 다른데 우리 과의 경우 실기 과목이 없어 시험 성적만 반영했었다"라고 설명했다. 체육 관련 학과라고 하면 교직 이수가 일반적인 것 같지만 아니다. AT, 헬스 트레이너, 생활체육 지도자 등 전문 직종을 양성하는 커리큘럼도 다양하다. 신 트레이너도 대학에서 자신의 꿈을 찾은 케이스다. 그는 "대학에 동아리가 있어 AT란 직업을 자연스럽게 접하게 됐다. 내 경우엔 심도 있게 공부하기 위해 군대를 다녀와서 준비해야겠다고 생각했다"라고 말했다. 2학년을 마치고 군 복무를 한 신 트레이너는 2014년부터 본격적으로 AT가 되기 위해 공부를 시작했다. 이미 1, 2학년 때 전공수업에서 생리학, 해부학, 운동생리학을 들은 상태여서 기초가 마련된 상태였다. 생활체육 자격증은 물론 일반인과 운동선수를 모두 지도할 수 있는 건강 운동 관리사 자격증도 땄다. ATC 쪽에 포커스를 맞춘 그는 대한선수트레이너협회 자격증도 취득했다. 신 트레이너는 학교 내에서도 여러 가지 경험을 해보길 추천했다. "요즘에는 학교마다 AT 관련 동아리가 있다. 여러 가지 경험을 하기 좋다. 최근에는 대학끼리 교류를 하기 때문에 정보도 얻을 수 있다. 때마침 미국에서 AT 관련 학위를 딴 박지홍 교수님이 있어서 좋은 시스템으로 공부할 수 있었다. 경희대는 운동부가 많아서 공부한 걸 직접 실기로 적용할 수 있는 현장도 마련되어 있었다"라고 했다. 야구와 처음 인연을 맺게 된 건 2014년이었다. 넥센 히어로즈(현 키움)에서 실습생으로 현장에 나갈 기회가 생겼다. 이후 그는 경희대 야구부 트레이너가 됐다. 선수들의 전담, 보조 트레이너로 전지훈련이나 경기를 따라다니면서 자연스럽게 실습할 수 있는 기회였다. 2년 동안 야구부 AT를 한 그는 본격적으로 취업 준비를 하려고 2016년 히어로즈에 연락해 다시 실습을 나갔다. 다행히 구단에선 그를 좋게 봤고, 졸업예정자인 그에게 2017년부터 인턴 계약을 제안했다. 신 트레이너는 "프로 팀에서 공개 채용을 하기도 하지만, 인맥을 통해 들어오는 경우도 많다. 아무나 뽑을 수 없기 때문에 추천이나 경력이 필요하다"라고 했다. 실제로 구단에서 일한 경험이 매우 중요하게 작용할 때가 많다. 신 트레이너가 입사할 때 수석코치였던 이지풍 코치(현 한화 코치)도 비슷한 케이스다. 이지풍 코치는 2004년 대학 시절 김용일 코치와 인연으로 현대 유니콘스에서 6개월 정도 실습 기간을 거쳐 코치 계약을 맺었다. 신재윤 트레이너는 "요즘에는 SNS와 인터넷을 통해 많은 정보를 얻을 수 있다. 다만 치료 스킬 정보나 심도가 없는 정보를 얻는 데 집중하기보다는 교과서적으로 탄탄한 베이스가 있는 게 무기가 될 수 있다. 이를테면 해부학 공부를 통해 우리 몸이 어떻게 되어 있는지를 연구하면 더 효과적"이라고 했다. 트레이너가 되는 과정에서 영어가 꼭 필요한 건 아니다. 트레이너에게 필요한 기초 학문들은 이미 커리큘럼이 한국어로 잘 만들어져 있기 때문이다. 자격증 시험도 별도의 영어 능력을 요구하지는 않는다. 그러나 트레이닝 파트는 매년 새로운 기술과 장비가 발전하고 있는 분야다. 특히 선수들의 경기력을 향상시키는 스트렝스/컨디션 파트는

트렌드를 쫓아가는 게 중요하다. 이지풍 코치는 "국내에서만 일을 할 거라면 영어는 중요하지 않다. 하지만 트레이너가 된 뒤에는 영어가 도움이 된다. 나는 어학연수를 다녀와서 어느 정도 영어로 대화가 가능했다. 영어가 가능하면 미국에서 일하는 사람들에게 직접 궁금한 걸 물어보거나 메일을 보내 알아낼 수도 있다. 미국에서 나오는 기사나 프로그램도 접할 수 있다. 외국인 선수들과도 직접 대화할 수 있다"라고 했다.

TIP2 하루의 반은 야구장에서

불과 10년 전만 해도 야구단에서 일하는 트레이닝 파트 직원들은 6~7명 정도였다. 1, 2군을 합치면 70~80명이 되는 선수들을 모두 챙겨야 했다. 과거엔 경기가 있는 날엔 오전에 출근해서 자정을 넘겨 퇴근하는 일도 빈번했다. 지금은 그때보다는 사정이 좋아졌다. 키움의 경우엔 2025시 즌 기준 11명의 트레이너 중 6명이 1군, 5명이 2군 및 재활군을 맡았다. 그래도 선수보다 빨리 일정을 시작하고, 늦게 끝나는 건 변함이 없다. 선 수들이 야구장에 와서 훈련을 하기 전에 마사지나 스트레칭, 테이핑 등 을 마쳐야 하기 때문이다. 만약 부상 선수가 생기면 함께 병원에 함께 가 기도 한다. 신재윤 트레이너는 "평일 경기(오후 6시 30분)를 기준으로 하 면 12시쯤 출근한다. 12시 30분부터 운동하는 선수들도 있기 때문이다. 불편한 부분이 있으면 케어를 해주고 홈팀 공식 훈련 시간(3시 10분) 전에 트레이닝 파트에서 할 일을 모두 끝낸다"라고 했다. 경기 중에도 긴장을 늦출 수 없다. 언제 돌발 상황이 일어날지 모르기 때문이다. 부상이 있거 나 재활 경력이 있는 선수들은 플레이가 끝날 때마다 체크를 한다. 신 트 레이너는 "다치거나 응급 상황이 일어났을 때 골든 타임이 있다. 그래서 빠르게 처치하는 게 중요하다. 경기 중에도 선수들과 자주 소통을 한다" 라고 했다. 경기가 끝난 뒤에도 선수들을 챙기고, 코칭스태프와 공유할 수 있게 보고서도 작성해야 한다. 자정 가까이 돼서야 퇴근할 때도 많다.

원정 경기도 별반 다르지 않다. 오히려 이동 시간에 맞춰 부지런히 준비해야 한다. 원정 숙소엔 홈구장과 달리 치료나 재활 기기 등이 없기 때문에 장비를 가지고 다닌다. 혹시나 이동 중에 문제가 생길 수도 있어 선수단 버스에도 나누어서 탄다. 야구계 종사자들의 공통점이라면 역시 휴일이 많지 않다는 거다. 트레이너들도 마찬가지다. 시즌 중엔 월요일만 쉴 수 있다. 신 트레이너는 "개인 시간이 없는 게 제일 힘든 부분"이라고 했다. 비시즌엔 그나마 여유가 있지만 그럴 때도 선수들의 훈련을 돕거나 자기 개발에 신경을 써야 한다. 실제로 인터뷰를 진행한 날도 비활동 기간인 12월이지만 고척돔에서 선수들 훈련을 도왔다. 신 트레이너는 "최신 경향 정보를 얻으려면 세미나에 가야 하는데 대부분 주말에 열리기 때문에 가기가 어렵다. 그래서 비시즌에 열리는 세미나에 참석한다"라고 했다. 구단마다 조금씩 다르지만 파트를 나누기도 한다. 선수들의 근력, 유연성 등을 키워 퍼포먼스를 끌어올리는 스트렝스 파트, 부상 방지와 경기 준비를 하는 트레이닝 파트, 치료 및 재활 파트 등을 분담하는 식이다. 신재윤 트레이너는 "키움은 스트렝스/컨디션과 퍼포먼스 트레이닝 파트, 두 개로 나누어서 맡고 있다"라고 설명했다. 식단 관리, 반도핑 교육 등도 트레이너의 몫이다.

TIP3 선수에게 믿음을 줄 수 있는 사람

'야구란 무엇인가'를 쓴 레너드 코페트는 "팬들의 눈에 비친 트레이너란 어느 선수가 경기 도중 다쳤을 때 트레이닝복 바람으로 달려 나와 잠시 만져 주고는 곧바로 사라지는 엑스트라일 뿐이다. 그러나 선수들에게는 전혀 사정이 다르다. 몸이라는 선수들의 가장 소중한 재산을 돌봐주는 고마운 사람"이라고 표현했다. 실제로 선수들에게 트레이너는 가장 믿을 수 있고, 든든한 사람이다. 흔히들 트레이너 치료실은 사랑방이라고 한다. 경기에 관련된 내용뿐 아니라 선수들이 나누기 힘든 이야기를 트레이너들에겐 툭 터놓기도 하기 때문이다. 실제로 그런 시시콜콜한 이야기까지 하면서 서로에 대한 믿음이 쌓인다. 그래서 트레이너들은 선수들을 편하게 해줄 수 있는 능력과 말솜씨가 필요하다. 신 트레이너는 "트레이너가 전달하고자 하는 걸 잘 이야기할 수 있는 '말빨'이 있어야 한다. 부상 부위나 치료, 재활 방법 등을 정확하게 전달하는 것도 중요하고, '플라시보 효과(효과가 없는 약제를 진짜 약으로 생각하고 섭취하였을 때 환자의 증상 또는 병세가 호전되는 현상)'처럼 거짓을 이야기해서라도 선수가 믿게 만드는 경우도 있다. 도덕적, 윤리적 선을 넘지 않는 한도에서 선수들이 듣고 싶어 하는 말을 해줄 때도 있다"라며 "솔직히 나도 MBTI로 따지만, I(내향형)인데 일을 할 때는 달라진다. 야구장에 나오면 스위치를 켜는 느낌"이라고 했다. 실제로 소통이 잘 되는 선수들이 좋은 결과를 낼 때가 많다. 신 트레이너는 "이정후, 김혜성, 송성문 같은 선수는 트레이닝 파트와 소통을 잘했다. 김혜성의 경우 마른 체형이고 잔 부상도 많아서 통증을 안고 경기할 때가 많았지만 트레이너들의 요구를 잘 따라줘서 큰 부상 없이 뛰었다. 어떨 때는 귀찮다고 느낄 정도로 물어보기도 했다"라고 웃었다. 이어 "송성문은 처음에 운동 욕심이 많은 편은 아니었다. 하지만 군 전역 후 결혼하면서 확실히 달라졌다. 귀를 열고 트레이닝 프로그램을 잘 소화했다. 2025시즌 초반에 안 좋았을 때도 나태해지지 않고 노력하면서 좋은 성적을 냈다. 후배들이 배워야 할 선수"라고 했다. 과거엔 트레이너들과 코칭스태프가 언성을 높이는 경우도 있었다. 스태프는 "왜 이 선수가 아프냐" "다음 주에는 뛸 수 있어야 한다"라고 말하고, 트레이너들은 설명하고 설득하는 일이 잦았다. 하지만 요즘은 다르다. 히어로즈의 경우 특히 트레이닝 파트를 신뢰하는 분위기가 잘 형성되어 있다. 현대 시절인 2003년 김용일 트레이너를 처음으로 '트레이닝 코치'로 임명하기도 했다. 신재윤 트레이너는 "팀장급 트레이너들은 코칭스태프와 수시로 대화를 해야 한다. 커뮤니케이션이 매우 중요한 직책"이라고 했다. 동고동락하는 사이인 만큼 선수단이 좋은 결과를 냈을 때 얻은 성취감은 이루 말할 수 없이 크다. 신재윤 트레이너는 "2022년은 아직도 잊을 수 없다. 힘든 과정을 거쳐 한국시리즈까지 진출했기 때문에 정말 기쁘고 감동적이었다. 좋은 결과가 나면 선수들처럼 아드레날린이 폭발하진 않아도 그동안의 힘들었던 걸 잊게 된다. 하지만 (준우승으로 끝나서) 비시즌 때 허탈한 마음도 컸다"라고 했다.

PRESS ROOM

야구단은 점점 트레이닝 파트에 많은 자원과 비용을 투입하고 있다. 선수들의 가치를 유지하고 극대화시키는 것이 효율적이라고 판단했기 때문이다. 자연스럽게 트레이너들이 구단에서 차지하는 위치도 점점 높아지고 있다. 아이싱이나 마사지 같은 기본적인 영역을 넘어 선수들의 부상을 방지하고, 전체적인 훈련 스케줄 작성에도 깊게 관여하고 있다. 급여에서도 이런 경향이 잘 드러난다. 최초의 트레이닝 코치로 국가대표 야구팀 트레이닝 코치를 역임한 김용일 코치 이후 억대 연봉을 받는 코치들이 있다. 트레이너 전체 인원 중 20% 이상이 전문적인 능력을 인정받아 '코치'로 임명됐다. 특히 야구단은 트레이너 숫자가 많아 다른 종목보다 오히려 기회가 많다. 신재윤 트레이너는 "야구단은 트레이너 숫자가 많은 만큼 새로운 인력 수요가 많다. 최근엔 아마추어 팀들도 전문적인 트레이닝 시스템을 갖추고 있고 수준도 높다. 직업으로서 접근성이 떨어지지 않는다"라고 설명했다. K리그를 제외하면 자격증이 필요하지 않으나 자격증을 가진 이들을 채용하는 게 관례다. 야구단 트레이너가 되고 싶다면 우선 체육, 보건 계열로 진학을 하는 게 첫 번째다. 이후 AT 관련 자격증들을 따야 한다. 곧바로 야구단으로 가는 경우는 거의 없고 여러 종목 구단에서 실습이나 인턴을 하거나 재활센터, 아마추어 팀에서 경력을 쌓은 뒤 프로팀 채용 공고에 신청하거나 스카우트되는 형식이다. 때때로 선수들의 부상이나 체력 관리 실패를 모두 책임져야 하는 경우도 생긴다. 고용 안정성 역시 일반적인 직장에 비하면 낮은 편이다. 특정 선수나 감독과의 관계에 따라 팀을 옮기거나 떠나는 일도 있다. 대신 선수들이 부상에서 건강히 돌아오는 모습을 봤을 때나 선수가 성공적으로 몸을 만들었을 때의 성취감은 매우 크다. 신재윤 트레이너는 "이정후, 김혜성이 메이저리그에 가서 잘했을 때 정말 뿌듯했다"라고 말했다. '야구' 쪽으로 한정을 짓는다면 아직 해외로 진출하기는 쉽지 않다. 영어를 할 줄 알더라도 국내에서의 경력을 전혀 인정받지 못하기 때문이다. 프로야구를 하고있는 미국이나 일본이 한국보다 수준이 높은 것도 마찬가지다. 대신 야구에서의 경험을 살려 축구나 농구, 배구 등 다른 종목으로 옮길 수 있는 가능성은 충분히 열려 있다. 미국에서 ATC 자격을 획득한 배요한 LG 트레이닝 코치는 2005년 한국인 최초 NBA 선수였던 하승진의 통역 겸 트레이너로 일했다. 2006 시즌부터는 KBO리그에서 일하고 있다. 배 코치와 반대로 일본이나 다른 아시아권 국가로 진출한 AT들도 늘고 있다. 물론 영어 능력이 필수적이다. 선수들이 여성 앞에서 옷을 벗거나 치료를 하는 것을 받아들이기 어려워하다 보니 여성 트레이너 숫자는 적다. 하지만 2024년 김수영 트레이너가 1군에서 활동하는 등 야구단도 조금씩 벽을 허물고 있는 추세다. '귀'가 열리고 '입'이 무거운 사람에게 적합한 직업이기도 하다. 선수들과 어려운 일, 힘든 일을 함께 해야 할 때가 많기 때문이다. 선수들의 상황을 가장 잘 파악하고 있는 만큼 비밀 유지를 잘해야 하는 것도 트레이너의 임무다. 야구단에서 그치지 않고 더 넓은 세계로 나갈 가능성도 열려 있다. 스포츠 구단이 아니라 개인 트레이너가 되거나 개인 클리닉을 운영하는 사례도 많다. 김병곤 박사가 대표적이다. 2000년 LG에 들어가 10년 넘게 일했던 그는 2011년 재활 트레이닝 센터를 열었고, 토론토 블루제이스에선 류현진의 전담 트레이너로 일하고 스포츠 의학 서적도 내는 등 다양한 활동을 이어가고 있다. 특히 요즘은 선수들이 체계적인 관리를 위해 트레이닝 프로그램을 소화하고 있어 고객은 점점 늘고 있다. 배요한 트레이너는 "현장에서 여러 케이스를 경험하면 트레이너로서의 기량은 자연스럽게 늘어난다. 요즘은 무릎, 척추, 어깨 등 특성화된 병원이 많다. 사회인 야구를 하는 사람도 늘어 수요도 증가 추세다. 프로구단 트레이너들은 현장 경험이 많기 때문에서 병원에서 선호한다. 그런 다음에 클리닉을 운영한다면 성공할 수 있다고 본다"라고 말했다.

SCOUTING REPORT

급여 수준 — ★★★★★★☆☆☆ **55**

초봉은 작은 편이지만 능력만 인정받으면
억대 연봉까지 올라갈 수 있다

취업 난이도 — ★★★★☆☆☆☆ **40**

프로야구단이 10개로 늘어나면서
트레이너 숫자도 늘었다

향후 전망 — ★★★★★★★☆☆ **60**

국내에서는 대우가 점점 좋아지고 있다.
하지만 축구처럼 해외 진출을 하기는 쉽지 않다

업무 강도 — ★★★★★★☆☆ **60**

예상외로 육체적인 노동 강도는 높지 않다.
다만 정신적인 스트레스가 꽤 큰 편이다

업무 만족도 — ★★★★★★★☆☆ **60**

본인의 성과를 드러내기는 힘든 직종이다.
그러나 '원 팀'으로서 승리를 만끽할 수 있다

야구에서 사용하는 20-80 스케일을 기준으로 점수를 평가하였습니다.

06

애널리스트

〈 "숫자라는 도구로 또 다른 야구를 발견하는 탐험가" 〉

ANALYST

빌 제임스는 1979년 80쪽짜리 책 'Baseball Abstract'를 출간했다. 기존의 시각과 다른 수리적 방법론을 동원해 야구를 해석하려는 노력의 시작이었다. 이 책은 겨우 75권 판매됐다. 하지만 지금은 보편화된 세이버메트릭스(Sabermetrics)란 개념을 만들어냈다. 제임스는 SABR(The Society for American Baseball Research)이란 모임을 통해 야구를 통계학/수학적으로 분석하는 방법론을 만들어냈다. 그리고 이 실험적인 시도는 야구계에 변화의 바람을 일으켰다. 세이버메트릭스를 통한 접근은 이제 야구 현장에서 보편화됐다. 선수 선발과 육성은 물론, 구단 운영, 연봉 산정 등 많은 분야에서도 적용되고 있다. '머니볼'로 유명한 빌리 빈 오클랜드 어슬레틱스 단장이나 테오 엡스타인 전 시카고 컵스 단장(펜웨이 스포츠 그룹 수석고문)이 세이버메트릭스를 팀 운영에 활용한 대표적인 인물이다. 세이버메트릭스를 활용해 야구를 분석하는 애널리스트들이 구단과 미디어에서 활동하는 일도 늘어났다. 제임스는 보스턴 레드삭스의 고문을 맡고 있고, 'the book'이란 책을 펴냈으며 WPA(Winning Percentage Added·추가한 승리 확률), FIP(Fielding Independent Pitching·수비 무관 투수 능력) 등의 기록을 고안한 톰 탱고는 칼럼니스트로 일하고 있다. 한국에서도 이제는 세이버메트릭스가 보편화됐다. 10개 구단 모두 비디오 전력 분석과 함께 통계 자료 활용을 하고 있다. 아직 메이저리그에 비하면 활용도가 낮은 구단들도 있고, 현장(야구계에서 선수와 코칭 스태프를 일컫는 말)의 입김이 더 큰 편이지만 구단 프런트로 세이버메트리션들을 채용하는 사례가 생겨나고 있다. 송민구 대구 MBC 해설위원은 커뮤니티에서 글을 쓰다 NC 다이노스를 거쳐 해설까지 맡았다. SSG 운영팀 배원호 파트너는 국내에서 가장 활발한 활동을 하고 있는 콘텐츠 제작집단 비즈볼 프로젝트 출신이다. 방송사에서도 최근에는 '기록원'이라고 불리는 방송 보조 인력을 쓰는데 야구에 대한 조예를 갖춘 전문 인력들이 배치된다. 최근에는 젊은 야구 지도자들이 세이버메트리션에 대한 개방적인 태도를 보이고 있다. 국내에서 아마추어 출신이 야구 전문 분석가로 활동하는 사례는 아직 많지 않다. 미국만큼 선수나 구단이 많지 않아 샘플 숫자가 적을뿐더러 메이저리그의 PITCH f/x(여러 대의 카메라와 컴퓨터를 통해 볼의 이동 경로와 속도를 측정하는 프로그램)나 스탯캐스트(레이더를 활용한 추적 프로그램) 같은 시스템이 완벽하게 꾸려지지 않아 자료를 구하기도 어렵기 때문이다. 그래도 트랙맨 시스템이 전 구장에 설치되면서 이제는 아마추어 애널리스트들도 많은 자료를 얻을 수 있게 됐다. 무엇보다 AI가 상용화되면서 예전보다 자료를 수집하고 정리하는 시간이 단축됐다. 노동집약적이었던 작업들을 효율적으로 할 수 있게 됐다는 뜻이다.

송민구

복잡한 숫자?
보기 좋게 시각화할 줄 알아야 한다

송민구 해설위원은 한국프로야구에 큰 관심이 없었다. 메이저리그를 좋아했던 그는 MLB에서 도입한 PITCH F/X 시스템을 통해 데이터와 야구의 관계에 대해 관심을 가졌다. 애널리스트에게 가장 중요한 건 새로운 학문과 기술에 대한 호기심, 그리고 그걸 야구에 대입할 수 있는 창의성이다. 아이디어를 아이디어에서 그치지 않고, 실체화시키려면 그만큼 공부도 해야 한다.

CHANGWON
nc
EST. 2011

TIP! 아마추어도 프로가 될 수 있다

송민구 해설위원은 대구 출신이다. 프로야구 원년(1982년)둥이지만 KBO 리그에는 큰 관심이 없었다. 연세대 토목공학과를 다니던 그는 2004년 공익근무 생활을 하다 MLB에 재미를 붙였다. 여가 시간에 야구 관련 책을 읽고 기사도 챙겨봤다. 친구의 소개로 MLB 관련 사이트를 접한 뒤 다른 사람들이 번역한 글을 보다 궁금해져서 원문을 찾아보기 시작했었다. 송민구 위원은 "미국 쪽에는 좋은 소스와 재료들이 있더라. 혼자 읽기는 아깝고, 영어 공부도 할 겸 MLB바다란 사이트에 해석해서 올리기 시작했다"라고 말했다. 그의 눈길을 끈 건 Pitch F/X였다. 메이저리그는 야구에서 투수가 던진 공의 속도, 궤적, 회전 등 다양한 정보를 실시간으로 측정·분석하는 시스템을 도입했다. 지금은 스탯캐스트로 시스템이 바뀌었지만 Pitch F/X의 등장은 팬들도 야구 데이터를 좀 더 뜯어볼 수 있는 기회를 만들었다. 데이터를 재가공해 새로운 통계를 만들기도 하고, 투수의 구종 가치나 타자들의 대처 능력 등을 숫자로 표현할 수 있게 됐다. 송민구 위원은 "누군가가 이런 기술이 도입된다고 해서 살펴봤다. 정말 놀라웠다. 숫자를 가지고 노는 걸 좋아하는 내게 꼭 맞아 글을 쓰게 됐다. 대학 시절에 프로그래밍과 같은 전공 공부를 하지 않았지만, 야구에 관해서는 정말 열심히 공부했다. 지금은 문자중계에서 데이터를 정리하는 프로그램을 사용하지만 당시에는 그걸 몰라서 주소를 찾아 일일이 '다른 이름으로 저장하기'를 한 뒤 모아서 엑셀 파일을 만들었다. '박찬호 등판 경기'처럼 양이 적을 때는 관계없었지만 매일 열리는 메이저리그 15경기를 보고 저장하기는 불가능했다. 혼자서 동영상 보고, 책 보면서 공부했다. 그러면서 나중에는 데이터베이스를 만드는 요령이 생겼다. 요즘엔 이런 걸 공유하는 사이트들도 있고, 참고할 수 있는 책들도 있다"라고 말했다. 정리하는 걸 좋아하는 그는 자신의 생각을 글로 정리했다. MLB 커뮤니티를 통해 소개했다. 반응은 뜨거웠다. 송민구 위원은 "사람들이 좋아하니까 더 열심히 했다. 그러다 친분이 생긴 기자로부터 박찬호 투구와 관련된 글을 제안받아 정식으로 글을 쓰게 됐다"라고 설명했다. 취미로 시작한 일은 곧 '아르바이트'가 됐다. 2009년부터는 야구 전문 블로그 야구라와 계약을 했고, 포털사이트 네이트에 3년간 기고했다. 2014년에는 베이스볼긱과 야구친구에 글을 썼다. 그는 "나는 글을 전문적으로 쓰는 사람이 아니라 어려움이 많았다. 처음 2년 정도는 다른 사람들이 손을 많이 대야 완성이 됐다. 글을 너무 못 쓴다고 욕도 먹었다. 단순한 글이 아니라 이해를 도와야 하기 때문에 어려웠다. 이를테면 프레이밍(포수가 포구를 통해 볼을 스트라이크로 판정받게 만드는 것)과 같은 건 그림을 통해 설명해야 야구에 대한 깊은 이해가 없는 사람도 이해할 수 있다. 그런 부분이 쉽지 않았다"라고 했다. 물론 돈이 되는 일은 아니었다. 당시 그는 아버지가 운영하는 회사에서 해외 거래 업무를 맡았다. 낮에는 근무를 하고. 휴일에는 글을 썼다. 기고를 통한 수입은 많지 않았다. 제일 많았을 때도 1년에 1,000만 원 정도를 받았다. '야구 데이터 글을 좀 쓰는 사람'으로 알려진 그에게 프로 팀에서 일할 기회가 생겼다. NC 임선남 단장(당시 데이터팀장)과의 만남이 계기였다. 당시 NC는 국내 프로야구팀 중 유일하게 비선수로만 구성된 데이터팀을 꾸리고 있었다. 임선남 팀장과 박찬훈 차장도 모두 선수 출신이 아니었다. 신생구단인 NC는 다양한 시도를 두려워하지 않았다. 다른 구단에 비해 세이버메트릭스의 중요성을 빨리 깨달았다. "임선남 단장님과 야구학회 등에서 만나 아는 사이였는데 충원할 계획이 있다고 하길래 '나를 쓰라'라고 했고, 곧바로 채용을 진행했다. 당시 단장님은 면접에서 '밖에서 보는 것이랑 안에서 보는 것은 분명히 다를 것이고, 참신함은 인정하지만 팀에서 원하는 것은 그런 것이 아니기 때문에 다른 걸 만들어야 한다. 그래도 일을 한 번 할 수 있게 만들어주겠다'라고 했는데 결과가 좋았다"라고 말했다. 2015년, 그는 데이터팀 송민구 과장이란 직함을 달게 됐다.

TIP2 돈이 전부는 아니다

NC에서 맡은 작업은 선수 평가였다. 구단 수뇌부가 경영과 연봉 책정 평가에 사용하는 자료를 만들었다. 고과 산정도 그 일부였다. 매뉴얼과 항목은 프런트와 현장에서 적절히 정하고 데이터팀은 그것을 수치화했다. 더 중요한 업무 중 하나는 외국인 스카우팅이었다. 겨우 3명(2026년 기준 4명)이지만 KBO리그에서 외인의 중요성은 아무리 강조해도 부족하지 않다. 송민구 위원은 "해외 리그에서 뛴 외국인 선수 기록을 뜯어보고 평가한다. 우리 자료와 전력분석팀에서 분석한 것을 고려해 외국인 선수 선발에 활용한다. 코치들도 같이 선수를 지켜보지만 성과가 나오면서 본격적으로 데이터팀이 결성됐다"라고 말했다. 데이터팀의 성과는 뛰어났다. 지금은 단장직을 맡고 있는 임선남 팀장의 주도 아래 성공적인 외국인 선수 선발을 했다. 찰리 쉬렉, 에릭 해커, 에릭 테임즈 등 KBO리그 최상급 선수들이 NC 유니폼을 입고 활약했다. '송민구 과장'이 맡은 파트는 선수 리스트업이었다. 그는 "마이너리그에서 선수들이 어떻게 던지는지, 기록을 확인하면 어느 정도는 판별할 수 있다. 메이저 성적이 있으면 투구, 타격 추적 자료나 히트맵(움직임을 추적해 만든 그림)을 통해 추가적으로 평가를 했다"라고 회상했다. 구단 평가도 좋았고, 성적도 났다. 송민구 해설위원은 "급여가 3분의 1 이상 줄었지만 만족스러웠다. 결혼을 했고, 아이가 있었지만 생활할 정도의 수준은 됐기 때문에 결정했다. 무엇보다 나를 인정해줬다는 것이 기뻤다. 7년 동안 글을 쓰면서 나를 인정하고 용기를 북돋아 준 사람은 부모님과 친구들 정도였기 때문이다. 구단에서 일한 분석가는 없었으니까 한 번쯤은 해보고 싶었다. 외국 구단에서 일해보고 싶었지만 안 될 걸 알았기 때문에 미련 없었다. 야구단의 인프라를 구축하는 일이고, 기분 좋게 일했다"라고 말했다.

TIP3 새로운 길이 열리고 있다

4년간 구단에서 일했던 그는 퇴사를 결정했다. 데이터 팀은 어느 정도 자리를 잡았지만, 현장에서 자신이 하고 싶은 일을 모두 할 수 없다고 느껴서였다. 그러던 차에 NC소프트 본사에서 그에게 또 다른 제안을 했다. AI를 활용한 야구 서비스 어플리케이션을 만드는 것이었다. 송민구 해설위원은 "게임회사니까 당연히 야구 전문가는 없었다. 그래서 내게 기획자 역할을 맡겼다. 사첼 페이지(아메리칸리그 최초의 흑인 선수)의 이름을 따

'PAIGE'라고 이름 붙였다. 5년 동안 기획과 운영을 맡았다. PAIGE는 획기적인 서비스였다. 인공지능 기술과 야구 데이터 분석을 융합한 서비스를 시도했다. 지금은 보편화됐지만 AI를 활용해 그날 경기 하이라이트를 제작했다. 사람이 아니라 AI가 제작하다 보니 경기 종료 후 빠르게 업로드가 가능했다. 그 뿐만 아니라 인터넷 커뮤니티, 구단 뉴스, 경기 일정 및 결과, 팬 커뮤니티 등 다양한 프로야구 콘텐츠를 생산했다. 송민구 위원은 "처음에 둘이서 시작했다. 나중에 콘텐츠가 늘어나면서 7명이 됐고, 2년 만에 13명짜리 팀이 됐다. 야구 영상 콘텐츠, 게시판 관리, 커뮤니티 관리, 앱 개발 등 많은 일들을 했다. 사실 일반 회사와도 비슷한 업무를 맡았다. 개발자들과 오랜 대화를 통해 구상했던 서비스들을 만들어 내기도 했다. 대표적인 게 심판의 스트라이크 존 그래픽이었다. "개발자들에게 아이디어를 설명하면 '이론상 어렵다'고들 했다. 그래도 2년 반 동안 설득해서 만든 게 스트라이크 존이었다. 법리적인 문제 때문에 심판 이름을 넣지 못한 건 아쉽다." 송민구 위원은 아쉬움이 더 컸지만 팬들은 궁금했던 걸 한눈에 보여주는 그래픽 콘텐츠를 환영했다. 하지만 아쉽게도 페이지 운영은 5년을 넘기지 못했다. 포털 서비스가 중계나 뉴스, 커뮤니티 등 야구 관련 콘텐츠 독식하고 있는 상황에서 앱으로서 승부를 보기는 어려웠다. NC소프트를 그만두고 AI 기반 방송중계 전문회사인 픽셀스코프에서 잠시 일했던 그는 고향에서 '야구 일'을 시작했다. 삼성 라이온즈를 오랫동안 맡았던 석원 대구 MBC 기자의 추천으로 대구 MBC 라디오 중계를 맡게 된 것이다. 2026 WBC에서는 SBS 스포츠에서 해설위원으로 일했다. 선수 출신이 아니지만 데이터 기반으로 새로운 시각의 해설을 통해 팬들과 만나게 됐다. 최근에는 AI로 툴을 만들어 데이터를 간단하게 시각화하는 프로그램도 만들었다. 송민구 위원은 "여러 AI 모델들을 교차 검증해서 데이터 가치들을 연구했다. 덕분에 자료 준비를 하는데 긴 시간을 쓰지 않고 해설 준비를 하고 있다. 나는 야구 이야기를 하는 걸 좋아하니까 그걸 술술 풀어내면 방송이 되더라. 내게는 일종의 부캐"라고 웃었다.

TIP4 시간과 돈을 아끼지 말아라

데이터 전문가가 되고 싶다면 어떤 노력을 해야 할까. 기본은 영어다. 데이터를 다루는 사이트들은 미국이 많기 때문이다. 송민구 위원은 "아무래도 공부가 필요하다. 구단에서 내가 주로 했던 일은 시뮬레이션을 통한 머신러닝(데이터를 분석해 미래를 예측하는 기술. 데이터의 생성 양·주기·형식 등이 방대한 빅데이터 기술에서 한 단계 진보한 형태)이었다. 짐보스키가 고안한 ZIPS같은 야구 예측 시스템"이라고 설명했다. NC는 이 시스템을 활용해 외국인 선수들이 KBO리그에서 어떤 활약을 펼칠지를 예측해 FA 선수 영입과 연봉 협상에도 활용했다. NC가 해마다 외국인 선수 영입에서 성공을 거둔 건 공공연한 사실이다. '구체적으로 어떤 것들을 공부해야 하느냐'는 질문엔 "내 경우엔 선형대수·양자역학·미적분과 같은 대학 수강 과목을 제대로 하지 못해서 다시 익혔다. 당연히 데이터를 다루려면 확률도 잘 다뤄야 한다. 1년 정도 책을 사서 보든가 온라인 강의를 들으면 인사이트가 생긴다. 요즘에는 온라인 교육도 좋은 것이 많아 시간과 돈만 투자하면 얼마든지 배울 수 있다. 늘 배움에 대해 배고파야 한다. '내가 이런 걸 할 수 있으니까 해야지'라는 마인드로는 직업이 될 수 없다"라고 했다. 그뿐만 아니라 분석직은 평판이 중요하다. 송민구 위원처럼 주변의 추천이 있어야만 채용이 가능하기 때문이다. 자신만의 강점이 사람들에게 알려져야 한다.

송 위원은 세이버메트릭스 관련해선 edX의 온라인 강좌를 권했다. 프로그래밍과 통계 공부를 같이 할 수 있는 http://baseballwithr.wordpress.com/ 이란 사이트도 추천했다. 그뿐만 아니라 AI를 활용한 학습과 연구를 추천했다. 그는 "AI는 사고가 유연하다. 돈만 쓰면 데이터 애널리스트들의 정보를 얻을 수 있다. 요즘은 대학생들도 제미나이 같은 AI를 활용하지 않느냐. 문답을 주고받을 수 있으니까 편하고 능률적이다"라고 말했다. 한국야구학회(SKBR)의 학회와 강습학교에 참여하는 것도 방법이다. 송 위원은 "SKBR은 한국에서 거의 유일한 야구관련 연구학회 겸 발표의 장이다. 다수의 구단 관계자와 기자, 미디어 관계자들이 참관하기 때문에 운이 좋다면 여기서 인생의 기회를 잡을 수도 있다. 인맥과 네트워크는 어디서나 중요한 요소 아니겠나"라고 했다.

PRESS ROOM

애널리스트가

되는 첫걸음은 역시 공부다. 일반적인 학업과 달리 야구에 대한 공부는 비교적 흥미로운 편이다. 적어도 '세이버메트리션이 되고 싶다'라거나 '야구를 뜯어보고 싶다'라는 의욕이 있다면 말이다. 선천적으로 통계학이나 수학에 대한 흥미가 없다면 이 페이지를 넘기길 권한다. 주변에서 '야구 좀 안다' 소리를 듣고, 야구를 많이 봤다는 사람이라도 설득력 있는 근거나 이론이 없다면 '동네 해설가' 수준에 그칠 수밖에 없다. 기초는 역시 영어다. 자료 분석과 야구 사이트 대다수가 영어와 메이저리그를 기반으로 하기 때문이다. 그다음은 통계학이다. 송민구 위원은 "야구 데이터 분석은 통계를 알면 정말 쉽다. 통계학 전공자까지는 아니더라도 대학에서 배우는 수준만 익혀 놓으면 충분히 활용할 수 있다"라고 했다. 실제로 최근 활용되는 FIP(수비 무관 평균자책점·Fielding Independent Pitching)나 RC27(Runs Created per 27 outs·27아웃당 득점 생산력) 같은 2차 기록은 모두 통계학을 기반으로 해 탄생했다. 당연히 이 숫자들의 의미를 이해하려면 통계학 소양이 필요하다. 야구를 '엄청나게' 좋아하는 '공돌이'들이 빛을 볼 수 있는 영역이다. 두 번째 단계는 아마추어 칼럼니스트다. 과거에는 PC 통신, 또는 인터넷 커뮤니티가 유일한 활동공간이었다. 자료를 구하기 쉽고, 전산화가 잘 되어 있는 메이저리그의 경우 어지간한 기자들보다 수준이 높은 '재야 고수'들이 많다. 다행스럽게도 최근에는 이들이 뛰어놀 공간들이 여럿 생겼다. 비즈볼 프로젝트나 KB리포트가 대표적이다. 두 곳은 지원서와 인터뷰 등을 통해 꾸준히 새 멤버를 모집하고 있다. NC 다이노스 데이터팀 이강은 매니저가 대표적인 케이스다. 이 매니저는 간호사로 일하다 야구에 빠졌고 캐나다 유학을 다녀오면서 영어 능력을 키웠다. 이후 데이터 분석 회사에서 아르바이트를 하고, 세이버메트릭스에 대한 공부를 했다. MBC 스포츠플러스에서 KBO리그 및 MLB 기록원으로 일하던 그는 2020년 NC 입사에 성공했다. 지금까지 여성이 진입하기 힘든 장벽을 뚫어낸 건 그동안의 노력 덕분이었다. 위에서 설명한 단계들을 밟는 것 자체는 어렵지 않다. 하지만 이것을 직업으로 삼는 것은 매우 어렵다. 돈을 벌 수 있는 일이 아니기 때문이다. 야구 관련 서적을 내거나 포털사이트에 기고하더라도 받을 수 있는 금액은 매우 적어 부업 수준에 불과하다. 결국 구단 직원이나 방송사 기록원이 되면서 한 단계씩 밟아 가는 게 가장 나은 상황이라고 볼 수 있다. 이 과정에서 가장 중요한 건 역시 네트워크다. 좋은 칼럼이나 기사를 통해 야구계 인물들로부터 인정받아야만 내부로 들어갈 수 있기 때문이다. 한국 야구학술학회나 비즈볼 프로젝트에서 여는 컨퍼런스나 학회에 참여하면서 여러 사람들을 만나보길 추천한다. 안타깝게도 인맥을 잘 쌓더라도 기회를 얻기는 쉽지 않다. 하나씩 일을 배워가는 일반 구단 프런트나 기자와 달리 처음부터 어느 정도 수준이 되어야만 취업할 수 있기 때문이다. 게다가 언제, 어디서 자리가 날지는 아무도 모른다. 잊지 말아야 할 건 구단에 입사하더라도 본인이 원하는 것, 이를테면 전력 분석이나 선수 선발에 실질적으로 참여하기 쉽지 않다는 것도 견뎌내야 한다. 세이버메트릭스가 이제는 상식처럼 받아들여지고 있지만, 여전히 비야구인 출신에 대한 장벽이 크기 때문이다. '네가 준 자료를 참고하겠지만 어쨌든 감독이나 코치, 선수들의 느낌과 자료가 더 중요하다'라는 반응을 보이는 경우가 태반이다. 이를테면 A라는 외국인 선수에 대해 전력분석팀은 70점을 주고, 현장에서는 50점을 줬다. 이 경우 구단 경영진은 대개 현장 의견에 힘을 실어 A를 영입하지 않는 쪽으로 방향을 잡기도 한다. 어쨌든 구단 직원이기 때문에 다른 직원들과 마찬가지로 일반 사무 작업도 해야 한다. 그래도 최근 야구단이 점점 데이터 활용도를 높이고 있는 건 분명한 사실이다. 세이버메트리션들의 가치도 그만큼 높아지고 있다. '프로' 애널리스트가 되기는 어렵지만 일단 업계에 발을 들여놓기만 한다면 미래는 매우 밝다는 뜻이다. 이철진 키움 전력분석팀장은 경제학과 출신으로 삼성 경제연구소에서 일하다 2014년 야구단에서 일하고 있다. 그는 비선수 출신이지만 볼 줍기 같은 사소한 업무도 마다하지 않았고, 이제는 경기 준비는 물론 장기적인 팀 방향과 전략 수립까지 참여하는 구단의 핵심 인물로 성장했다. 전력분석 영역도 예전과는 달라졌다. 과거에는 '영상 분석'이 대세였지만 이제는 데이터 해석과 활용이 더 중요해졌다. 영상 분석을 주로 하던 시기에는 아예 다른 팀 위주로 쫓아다니기도 해서 같은 팀 선수들과는 거의 만나지 않는 경우도 있었다. 하지만 지금은 선수들이 전력분석원들과 기술적인 이야기를 스스럼없이 나누면서 스윙이나 투구를 어떻게 해나갈지를 상의하는 수준에 이르렀다. 송민구 해설위원처럼 영역도 넓어지고 있다. 아직은 구단에서 일하는 이들이 대다수지만 차후에는 미디어, 방송, 데이터를 활용하는 마케팅 회사 등 경험을 살릴 곳은 무궁무진하다. 물론 어디까지나 '야구판'이라는 바닥으로 들어오는 관문을 통과했을 때 이야기다.

SCOUTING REPORT

급여 수준 ★★★★☆☆☆☆
아마추어 칼럼니스트는 알바.
구단에 갈 수 있다면 베스트.
40

취업 난이도 ★★★★★★★☆
프로야구판 안으로 들어오는 건 정말 힘든 일
70

향후 전망 ★★★★★★☆☆
말 그대로 블루오션. 업계의 선구자가 될 수 있다
60

업무 강도 ★★★★★☆☆☆
평범한 회사원 수준의 근무량.
다만 그 단계까지 공부해야 한다
50

업무 만족도 ★★★★★★☆☆
야구로 밥벌이를 한다니 이것만으로도 만족
55

야구에서 사용하는 20-80 스케일을 기준으로 점수를 평가하였습니다.

07

응원단장&치어리더

/ 야구장을 축제로 만드는 사람들 /

CHEER SQUAD CAPTAIN/ CHEERLEADER

업무 개요

프로야구 경기장에서 관중 응원을 독려

급여 수준

경기당 30만 원(응원단장),
12만 원(치어리더, 신입 기준)

채용 방식

구단이 계약한 이벤트업체에서 수시 채용

우대 경력

대학교 응원단 활동 및 안무, 춤, 진행 능력

한국과 미국, 일본 프로야구의 가장 큰 차이는 응원단의 유무일 것이다. 응원단이 펼치는 화려한 응원은 자칫 지루할 수 있는 순간에 팬들의 눈길을 사로잡고, 승리의 기쁨을 더욱 크게 만들어준다. 테이블 석과 함께 가장 잘 팔리는 좌석이 바로 응원단 앞 좌석이기도 하다. 프로야구 초기에는 그룹 직원이나 아마추어 응원단장이 응원전을 이끌었지만, 이제는 모든 구단들이 조직화 된 응원단을 꾸리고 있다. 응원단장과 치어리더는 한국직업사전에 등재될 만큼 어엿한 전문 직종으로 자리를 잡았다. 응원단원이 되는 과정은 정해져 있지 않다. 하지만 대체로 응원단장은 대학 시절 응원단으로 활동했던 이들이 대다수다. 비보이 출신으로 마스코트로 활약했던 김상헌 삼성 라이온즈 단장이나 이범형 단장과 같은 사례도 있지만 흔하지 않다. 가장 중요한 건 인적 네트워크다. 응원단장은 정기적으로 선발하는 것이 아니기 때문이다. 겨울 종목인 농구와 배구에서 경력을 쌓은 뒤에야 야구단 응원단장이 될 수 있다. 현재 야구를 포함해 프로스포츠에서 활약 중인 응원단장은 약 20명, 치어리더는 200여 명이다.

최근에는 조금씩 근속 연차가 늘고 있지만 대체로 구단들은 스포츠 응원대행 전문회사와 1년 단위로 계약을 하기 때문에 새롭게 단장을 뽑거나 응원단을 구성하면서 옷을 갈아입는 경우가 많다. 치어리더도 비슷하다. 소속된 대행사의 상황이나 구단의 방침에 따라 팀을 옮기는 경우가 잦다. 현재 10개 구단 단장 중 가장 최고참인 김주일 단장도 지난해 11년 동안 정들었던 KIA를 떠나 KT로 옮겼다. 야구계 대표 치어리더 중 한 명

인 김연정 팀장도 한화-롯데를 거쳐 NC에 자리 잡았다가 다시 한화로

돌아간 케이스다.

이범형
이미래

관중의 함성을 이끌어내는 분위기 메이커

이범형은 삼성 마스코트로 20살 때부터 응원단 일을 시작했다. NC 단장 시절 최연소였던 그는 좋은 평가를 받았지만 갑작스럽게 팀을 떠나게 됐다. 그래도 팬들의 뜨거운 열기를 잊지 못했고, 좋은 평판 덕에 고향 같은 팀인 삼성으로 돌아왔다. 이미래는 결혼 뒤 은퇴하는 치어리더 문화를 바꿔놓았다. 치어리더 본업뿐 아니라 쇼호스트란 새로운 길도 찾았다. 다른 직종에 비해 수명이 짧은 치어리더 세계에서 보기 힘든 사례다.

이범형 단장은 응원단장 계에서 흔치 않은 케이스다. 응원단 스태프로 시작해 단장까지 맡은 사례이기 때문이다. 이 단장은 현재 삼성의 1단장인 김상헌 단장과 함께 대구 시민야구장 시절 마스코트 '사돌이', '사순이'로 활동했다. 텀블링과 날아 차기는 묘기와 개그로 타팀 팬들에게까지 큰 사랑을 받았다. 이후 이 단장은 배구, 축구, 농구단 응원단장을 거쳐 2019년 NC 다이노스 2대 응원단장을 맡았다. 그리고 2025년엔 삼성으로 돌아와 2단장이 됐다. 김상헌 단장이 메인 단상에서, 이범형 단장이 위층에서 따로, 또 같이 응원을 이끌고 있다.

TIP! 끼가 없다면 시작할 수 없다

이범형 단장은 고등학교 3학년이던 2007년에 놀레벤트라는 대구 지역 대행사에서 오디션을 보고 프로농구 대구 오리온스(현 가스공사) 마스코트가 됐다. 춤을 전문적으로 추던 건 아니지만 음악을 좋아했다. 브레이킹과 덤블링을 보여주고 합격하면서 응원단 생활을 시작했다. 이 단장은 "그때는 딱히 꿈이 없었다. 회사에 가겠다거나, 댄서가 되겠다거나 하는 생각이 없었다"라고 웃었다. 다음 해부터는 삼성 라이온즈 마스코트도 맡았다. 사자 인형 탈을 쓰고 그라운드에서 여러 가지 퍼포먼스를 펼쳤다. 때로는 과격할 정도의 움직임도 있었지만 팬들의 반응이 뜨거웠다. 이 단장은 "상헌이 형 센스가 뛰어나서 잘 이끌었다. 연기도 많이 했는데 짜고 하는 게 아니라 즉석에서 해낸 게 대부분이었다. 그만큼 합이 좋았다"라고 말했다. 남들보다 빨리 일을 시작하다 보니 꽤 오랫동안 응원단에서 막내였다. 팀장이 되고도 한동안 막내였다. 삼성이 시민구장을 떠나 라이온즈파크로 보금자리를 옮긴 뒤에도 그는 겨울 종목 단장을 맡으면서 이따금 마스코트 공연을 했다. 그러나 이 단장처럼 대학 응원단장을 거치지 않고 단장이 된 사례는 드물다. 현직 10개 구단 단장(2025년 기준) 중에선 김상헌, 서한국, 이범형 단장만이 대학 응원단을 거치지 않은 사례다. 서한국 KIA 응원단장도 두 사람처럼 현대 유니콘스에서 마스코트와 고수 등 스태프로 일하다 응원단장이 됐다. 응원단은 이처럼 인맥을 쌓아서 구단 관계자들, 혹은 대행사와 인연을 만드는 게 중요하다. 이 단장은 "응원단장이 되고 싶다면 '우선 공부를 하라'라고 말하고 싶다. 농담이 아니라 응원단장이 꿈이라면 대학교 응원단에 들어가는 게 좋다. 최근에는 한체대나 경희대 출신 응원단장들이 많기 때문에 경험을 쌓기 쉽다"라고 말했다. 밑바닥부터 시작한 케이스인 이범형 단장은 차곡차곡 커리어를 쌓아갔다. 2014년에 프로배구 GS칼텍스 단장을 했고, 남자부 현대캐피탈에서도 일했다. 여자부 흥국생명은 2017년부터 지금까지 쭉 하고 있다. 그리고 2019년 NC로부터 응원단장 제의를 받았다. 이 단장은 "정말 기뻤다. 다른 구단에서 오퍼를 주기도 했지만, 개인적으로 준비가 덜 되기도 했고 지방에 거주하다 보니 사양하기도 했다. '단장이 되고 싶다'라고 생각한 뒤 6~7년 정도 기다려서야 꿈을 이뤘다. NC에서 꾸준히 연락을 주셨는데, 운이 좋게도 새로운 구장이 문을 열면서 새로운 단장을 뽑게 됐다"라고 설명했다. NC와 함께한 6년 동안 이 단장은 팬들에게 많은 사랑을 받았다. 그는 "창원 출신이라 사투리를 써도 상관없는 구단이라 편안하기도 했다. 가장 힘든 시기는 역시 우승을 했던

2020시즌이다. 코로나19로 인해서 당시 응원단 운영이 중지되기도 했고, 최소화됐던 때다. 한국시리즈도 (방역 문제로) 창원이 아닌 고척돔에서 치러졌다. 2023년도 기억이 많이 남는다. 당시 NC가 전력상 가을 야구도 가기 힘들다고들 했는데 4위로 올라가 선전했다"라고 떠올렸다.

야구에 관한 공부도 빼놓을 수 없다. 응원단장은 마이크를 잡기 때문에, 상황에 대해 직접 설명하기도 하고, 흐름에 맞게 리드할 수 있기 때문이다. 특히 배구나 농구 같은 종목은 순간순간 판정이 내려지거나 바뀌기도 한다. 이 단장은 "처음에는 야구를 잘 몰랐다. 상헌이 형 덕분에 야구 규칙에 대해 많이 공부했다. '마스코트도 잘하려면 룰을 알아야 한다. 공부해'라고 해서 이것저것 찾아봤다. 지금도 모르는 게 있으면 공부한다"라고 했다. 이미래 팀장 역시 처음부터 치어리더가 되고 싶어 한 건 아니다. 연극영화과 09학번인 그는 배우를 꿈꿨다. 이 팀장은 "방송 연기를 하고 싶었는데 대학에선 무대 연기를 배웠다. 키(1m 74cm)가 큰 편이라 상대적으로 작은 무대에서 하는 연극은 쉽지 않았다. 그래서 큰 무대에서 연기하는 뮤지컬 배우가 되려고 했다. 노래 레슨도 받고, 재즈 댄스나 무용도 배웠다"라고 말했다. 치어리더를 시작한 건 배우가 되기 위해서였다. 이 팀장은 "레슨을 받으려면 돈이 필요하니까 처음엔 회사를 다녔다. 1년 정도 사무직으로 일했는데 다른 걸 해보고 싶었다. 몸 쓰는 걸 좋아하는데 때마침 대학 동기가 치어리더를 추천했다. 스포츠에는 관심이 없었지만 오디션을 보고 시작했다"라고 말했다. 초등학교 때 잠시 농구 선수를 했고, 중학교 때부터 현대 무용을 한데다 치어리딩 동아리까지 경험한 그였기에 응원단에 들어가는 건 어렵지 않았다. 이 팀장은

2012~13시즌 프로농구 원주 동부 치어리더로 시작했다. 여자농구 KB
국민은행과 병행하며 한 시즌을 치른 뒤 2014년에 처음으로 KIA 치어리
더가 됐다. 이 팀장은 "첫 회사는 야구단과 계약이 되지 않았었다. 그러
다가 박영분, 강미진 선배가 팀장으로 오면서 멤버들이 좋아졌고, KIA가
새 구장(챔피언스필드)으로 옮기면서 야구 치어리더를 시작했으니 운이
좋았다"라고 설명했다. 야구 규칙도 몰랐지만 일을 하면서 조금씩 배워
나갔다. 1년이 지나고 나니 어떻게 하면 반응이 뜨거울지도 자연스럽게

알게 됐다. 이 팀장은 "무엇보다 진심이 중요하다. 진심으로 응원하면 팬들이 제일 잘 안다. 그러면 큰 사랑을 받을 수 있다"라고 했다.

TIP2 야구선수처럼 응원단도 이적한다

치어리더 업계에선 대체로 두 가지라고들 이야기한다. 길게 일을 하거나 빨리 그만두거나다. 이미래 팀장의 경우 전자였다. 이 팀장은 "보통 치어리더들끼리 '3, 6, 9년 차 때 슬럼프가 온다'라는 이야기를 한다. 실제로 3년 차쯤에 그만두는 케이스가 많고, 그걸 넘기면 롱런하는 친구들이 많다. 나는 그런 게 없었고, 천직이라고 생각했다"라고 말했다.

다만 응원단은 한곳에서 정착하기 힘들다. 소속된 대행사가 구단과 계약이 끝나기도 하고, 대행사를 옮기는 일도 있다. 이미래 팀장도 2015년엔 KT 응원을 맡았으나 2년 뒤엔 SK 응원단이 됐다. 2021년엔 NC 소속으로 1년 동안 활동했고, 2022년부터는 김연정 치어리더와 함께 팀장을 맡아 한화에서 일했다. 이미래 팀장은 "응원단은 구단 소속이 아니다 보니 소속된 마케팅 에이전시를 따라갈 수밖에 없다. 그러다 보니까 내가 좋아하는 팀이 있어도 몰입하기가 어렵다"라고 했다. 이범형 응원단장과 NC의 인연도 2024년까지였다. 고향팀 NC에서 더 오래 활동하고 싶었지만, 구단에서 변화를 원했기 때문이었다. 당시 경남 FC(축구)와 창원 LG(농구) 등 창원 지역 3개 팀 응원을 모두 맡고 있었기 때문에 더욱 아쉬움이 컸다. 이 단장은 "모든 걸 쏟았던 구단이었다. 야구에서는 첫 구단이었기 때문에 오래 했다면 오래 한 편이지만, 섭섭한 마음도 있었다. 그러나 계약직이니까 어쩔 수가 없는 현실"이라고 말했다. 다행히 좋은 기회가 왔다. 삼성이 단상이 아닌 팬 구역에서 응원을 이끄는 2단장을 신설하면서 맡아줄 것을 제안했다. 이 단장은 "연락을 받았을 때 많이 감동하였다. NC 일을 그만하게 된 뒤 상헌이 형과 구단에서 바로 연락을 주셨다. '부 응원단장' 격이지만 구단에서도 단장을 했던 사람이기 때문에 많이 신경 써줬다. '이범형이란 사람을 가치 있게 봐주는구나'란 생각을 했다"라고 말했다. 반응도 뜨거웠다. '사돌이'와 '사순이' 출신 단장이

뭉치면서 삼성 팬들은 예전의 추억을 떠올렸다. 이직과 근무처가 자주 바뀌다 보니 출퇴근 시간이 오래 걸리는 경우도 있다. 이범형 단장도 창원에서 야구 경기가 있는 날은 대구까지 오간다. 그는 "본가가 대구지만, NC를 맡게 됐고 결혼도 앞두고 있어 창원에 터를 잡았다. 요즘은 3연전 기준으로 첫날은 창원 집에서 경기 시작 시간 5~6시간을 앞두고 대구로 간다. 3연전에서 진행하는 이벤트나 특이사항에 대해 미팅을 하고. 경기를 준비한다. 쉴 때는 운동을 하면서 쉬는 편"이라고 했다. 이미래 팀장

은 "경기 대신 연습 날은 하루 6시간 정도 연습을 한다. 1시간 정도는 잘 안되는 부분을 혼자 연습하고, 경기 마다 멤버가 다르기 때문에 대형과 안무를 맞추고 새 안무도 호흡을 맞춘다. 보통 일주일에 1~2번 연습을 한다"라고 설명했다. 경기가 있는 날엔 4시간 전에 출근해서 3시간 전에는 의상과 메이크업을 마친다. 최근엔 카메라로 치어리더를 찍는 팬들이 많아 간단한 화장은 집에서 하고 출발한다고 한다. 이 팀장은 "그날 공연과 리딩, 선수들 콜과 응원가를 재확인하다. 경기 시작 한 시간 전에는 최종 리허설을 한다. 안무 구성은 생각보다 어렵지 않다. K-팝들은 1분 30초에 맞춰 준비를 한다"라고 설명했다. 음악과 안무 관련 재능도 필요하다. 과거에는 대부분 잘 알려진 노래에 노랫말만 붙여 응원가로 사용했다. 그러나 저작권 문제가 불거지면서 최근엔 구단 자체 자작곡을 쓰는 경우가 많아졌다. 이범형 단장은 "저작권 사태가 터지면서 나도 음악 공부를 하기 시작했다"라고 했다. 이미래 팀장은 2025년 '킹받는 표정'으로 유명해졌던 한화의 아웃카운트송 안무를 직접 만들기도 했다. 이 팀장은 "차로 이동할 때 음악을 많이 듣는다. 괜찮은 음악을 들어놓으면 저장해뒀다가 안무로 만든다. 아웃카운트송은 홍창화 응원단장이 추천을 하길래 내놓았다. 처음엔 안무라기보다는 연기가 필요한 거라 '다들 이게 뭐야' 했지만, 팬들에게 많이 사랑받았다"라고 했다.

TIP3 투잡, 스리잡은 기본

응원단은 프리랜서이기 때문에 일하는 만큼 벌 수 있다. 하지만 경기당 수입이 그리 많지 않다. 치어리더는 응원단장의 절반 수준 금액을 받는다. 그래서 야구 비시즌에도 겨울 종목(농구, 배구 등)을 맡거나 축구, 핸드볼, 아이스하키 등 다른 종목에서도 활동할 수밖에 없다. 이범형 단장도 야구단을 맡게 된 뒤에도 꾸준히 다른 종목 단장을 겸했다. 특히 겨울엔 2개 구단 이상을 맡았다. 2025년 현재는 삼성과 경남 FC, 창원 LG, 여자배구 흥국생명까지 4개 구단을 맡고 있다. 그러다 보니 국가적인 사태나 재난이 일어날 땐 치명적인 손실이 생긴다. 2014년 세월호 사고 때는 야구단이 조직적인 응원을 전면 중단하면서 아예 일을 하지 못하기도 했다. 이범형 단장은 "응원단은 경기당 수당을 받는 체계라 경제적으로 손실이 컸다. 다행히 관중 입장이 재개됐지만 시즌도 단축되고 힘든 시기였다. 사실 안정성 면에선 늘 불안한 직종이다. 지난해 NC를 그만둔 것처럼 언제 상황이 바뀔지 모르는 게 이 일의 딜레마"라고 했다. 그래서 다른 길을 찾는 경우가 예전보다 많아졌다. 이미래 팀장은 최근 쇼 호스트를 병행하고 있다. 코로나 당시 무관중 경기가 진행되면서부터다. 이 팀장은 "구단에서 응원단을 배려해 유튜브나 방송을 마련해주기도 했지만 아무래도 수입이 줄 수밖에 없었다. 그러다 당시 SK 장내 아나운서였던 김우중의 추천으로 쇼호스트 아카데미에서 1년 동안 교육을 받았다"라고 했다. 이 팀장은 구단 유튜브로 팬과 소통하면서 입담을 자주 뽐냈다. 구장 아나운서 부재 시에는 라인업을 소개하거나 이벤트를 진행할 정도로 말솜씨가 뛰어나다. 그래서인지 쇼호스트 일이 적성에 맞았다. 그는 "때마침 코로나로 온라인 쇼핑이 활성화되면서 라이브 커머스 붐이 일었다. 여러 플랫폼에서 홈쇼핑이 가능해졌고, 나도 자리를 잡았다. 주로 식품, 생활용품, 스포츠용품. 홈트레이닝 제품 일을 많이 한다. 스포츠의류 관련 제안도 많이 들어온다. 최근엔 경기장에서 일하는 만큼 쇼호스트로 일하고 있다"라고 전했다.

PRESS ROOM

응원단은 야구 관련 직업 중에서도 이질적이다. 육체적인 능력이 매우 중요하기 때문이다. 기본적으로 체력이 없으면 불가능하다. 빡빡한 스케줄과 노동 강도를 이겨내지 못하면 그만두기 일쑤다. 응원단장이라고 해서 별반 다르지 않다. 목소리와 체력 관리에 많은 공을 들이고 있다. 홍창화 단장은 "틈틈이 운동을 한다. 체력이 받쳐주지 않으면 버텨낼 수 없기 때문"이라고 말했다. 최근엔 홈뿐 아니라 원정 경기에도 응원단이 배정될 때가 많아 1년에 100경기 이상 소화하는 때도 있다. 응원단장의 경우 음악에 대한 이해도와 관심도 필수적이다. 응원단장이 등장 음악이나 팀, 선수별 응원가를 직접 고르고 만들기 때문이다. 최근에는 선수들과 팬들의 반응도 민감해 겨울이 되면 응원단장들을 고민에 빠지게 만들고 있다. 1년에 새롭게 만드는 응원가가 약 10곡이 넘는다. 응원단장이 되기 위해서는 경험과 기다림이 필요하다. 10개 구단에서 1명씩밖에 없는 자리이기 때문이다. 부단장이나 응원팀에서 북을 치거나 사운드 샘플러(응원가나 음악이 나오도록 하는 기계) 조작하는 기본적인 일부터 거쳐야 한다. 그만큼 응원단장에 대한 프라이드는 강하다. 소수의 사람만이 기회를 얻고, 계속해서 지킬 수 있는 자리이기 때문이다. 치어리더는 타고난 재능이 없으면 아예 시작하는 것이 불가능하다. 키가 165센티미터 이상은 되어야 하고, 뛰어나지는 않더라도 최소한의 안무를 소화할 수 있어야 한다. 시작할 수 있는 나이도 제한적이어서 10대 후반~20대 초반이 마지노선이다. 팬들에게 서비스를 제공하는 직종인 만큼 '감정 노동'을 이겨낼 수 있는 마음가

짐도 있어야 한다. 예전에 비하면 줄었지만 몰래 촬영하거나 수위 높은 발언을 하는 관중들을 웃음으로 대해야 하기 때문이다. 향후 진로는 다소 불투명하다. 이 분야에서 쌓은 경력을 살려 다른 일을 하기는 쉽지 않기 때문이다. 이벤트 업체를 직접 운영하거나 정직원이 되는 일도 있지만 모두에게 열린 기회는 아니다. 그래도 과거에 비해 수명은 길어진 편이다. 10년 전만 해도 40대 응원단장은 최선참인 김주일 단장뿐이었다. 그러나 지금은 40대 단장들도 많아졌고, 김주일 단장은 50대에도 여전히 응원단상을 지키고 있다. 치어리더의 경우 30대 치어리더는 손에 꼽을 정도였다. 2015년 당시 16년 차로 가장 경력이 길었던 노숙희 삼성 팀장은 자의 반, 타의 반으로 현장에서 물러났다. 그러나 2016년부터 은퇴를 고민하던 SSG 배수현 치어리더는 2026년까지 현역을 지켰다. 본인의 체력 관리, 구단과 대행사의 필요에 따라 얼마든지 연장이 가능하다. 이미래 팀장은 "(배)수현 언니나 김연정, 서현숙 치어리더처럼 길게 일할 수 있고 스타 치어리더들이 나오면서 길게 일할 수 있는 환경이 만들어졌다"라고 했다. 다만 고용 안정성은 떨어진다. 구단이나 업체의 사정에 따라 언제든지 떠날 수 있는 게 현실이다. 홍창화 단장은 "우리는 비정규직이라 4대 보험도 안 된다"라고 했다. 일부 회사의 경우에는 정직원으로 채용해 운영하기도 하지만 쉽지 않다. 코로나19 사태 때는 더 심각했다. 하지만 이를 계기로 다양한 일에 도전하는 사례가 많아졌다. 배수현 치어리더처럼 머슬마니아에 출전하기도 하고 박기량, 이미래 치어리더처럼 방송 활동을 늘려가는 케이스도 많다. 치어리더의 경우 '결혼=은퇴'였지만 그런 분위기는 사라졌다. 2020년 구단 직원인 박슬기 매니저와 결혼한 이 팀장은 "구단에서도 회사에서도 고민했지만, 지금까지의 경력을 인정해준 덕분에 계속할 수 있었다. 이제는 결혼 이후에 계속할 수 있는 일이라는 개념도 생겨났다"라고 했다. 급여는 고정적이지 않다. 경기당 수당을 받기 때문이다. 응원단장의 경우 조금씩 차이가 있지만 30만~50만 원 정도를 받는다. 연봉으로 계산해도 5,000만 원에 못 미친다. 팀장급 치어리더들은 과거 월수입

250만 원 정도의 월급을 받기도 했으나, 요즘은 경기당 15~30만 원 정도에 계약한다. 그래서 겨울에는 농구장과 배구장에서 일하는 게 보통이다. 일반적으로 5~6년 차 치어리더의 순수입은 4,000만 원 정도다. 그러나 경력이 올라가거나 인기가 많아지면 몸값이 급상승한다. 선수 못잖게 많은 팬을 거느리는 인기 치어리더들이 늘어났기 때문이다. 이들은 행사나 이벤트 등에 참여해 본업보다 더 많은 부수입을 올리기도 한다. 최근엔 2023년 대만 라미고 몽키스와 계약한 이다혜 치어리더나 2024년 진출한 안지현 치어리더처럼 해외에서 성공한 케이스도 있다. 이들은 광고 모델과 방송 출연, 팬미팅 등을 통해 인지도를 올려 국내 활동의 10배 이상 수익을 내기도 했다. 다만 대만에 진출한다고 성공하는 건 아니다. 이미 많은 수의 치어리더가 진출하면서 후발주자들의 경우엔 고된 만큼 큰돈을 벌지 못하는 경우도 있다. 응원단이 되고 싶다면 적극성이 가장 중요하다. 응원단장의 경우 밑바닥부터 시작해야 하는 걸 감수해야 한다. 팬들과 직접 호흡하기 때문에 소통 능력을 키우는 것도 중요하다. 치어리더도 이른바 '길거리 캐스팅'을 통해 제안받는 경우가 많지만 요즘엔 지원자가 늘어났고, 그만큼 기준도 까다로워졌다. 응원단은 감정 노동과 육체노동을 함께 수행해야 한다. 스트레스가 이만저만이 아니다. 예전보다 팬들의 관심이 높아지면서 더 심해졌다. 화려한 만큼 어둡다는 뜻이다. 업계 종사자들의 한결같은 말은 사람들을 이끄는 재미와 흥분이 아니라면 당장에라도 그만둘 것이라고 한다. 하지만 자신의 끼를 마음껏 발산하고 싶은 사람이라면 누구든 도전장을 내밀어봐도 좋다. 노력과 의지가 있다면 생각보다 문턱이 높지 않다. 이범형 팀장은 "솔직히 말하면 추천하고 싶은 직업은 아니다. 스포츠를 좋아하는 마음이 없으면 시작하지 않는 게 맞다. 하지만 성취감만큼은 정말 큰 일이다. 무대 위에서 느끼는 희열이 대단하다"라고 전했다. 무엇보다 프로야구가 성장하면서 하나의 전문직으로서 인정받고 있고, '수입'도 커졌다.

SCOUTING REPORT

급여 수준	★★★★☆☆☆☆	
	단장이나 팀장급이 되기 전까지는 '열정 페이'가 통용된다	**40**

취업 난이도	★★★★★★☆☆	
	신체조건이나 타고난 재능이 없으면 도전할 수 없다	**60**

향후 전망	★★★★★☆☆☆	
	10년 전과 비교하면 몰라볼 정도로 좋아졌다	**50**

업무 강도	★★★★★★☆☆	
	육체적, 정신적 피로도 모두 높다	**60**

업무 만족도	★★★★★★★☆	
	무대에 서서 사람들을 이끄는 쾌감이 대단하다	**70**

야구에서 사용하는 20-80 스케일을 기준으로 점수를 평가하였습니다.

장내 아나운서

08

/ 스포테인먼트(sport+entertainment)를 완성하는 사람들 /

STADIUM ANNOUNCER

야구장에서 야구 팬들이 가장 많이 듣는 목소리는 누구의 것일까. 정답은 감독도 선수도 아닌 장내 아나운서다. 경기 시작 전부터 끝날 때까지 장내 아나운서의 목소리를 듣기 때문이다. 홈팀 선수들이 타석에 들어서면 이름과 소개를 한다. 이닝 도중 휴식 시간에는 맥주 빨리 마시기, 키스타임 등의 이벤트를 진행한다. 경기 뒤 수훈선수 인터뷰도 이들의 몫이다. 예전 야구장 장내 아나운서의 역할은 단순했다. 'O번타자, 레프트필더 OOO'라고 딱딱하게 선수를 소개하는 게 전부였다. 그때도 이벤트 MC들이 야구장 내에서 행사를 진행하긴 했지만, 아나운싱과는 분리되어 있었다. 경기 전 이벤트 진행으로 분위기를 띄우는 게 주 역할이었다. 지금처럼 선수소개와 이벤트 진행을 동시에 하는 장내 아나운서가 본격적으로 등장한 건 2004년이다. LG 트윈스가 MC 출신으로 농구장 장내 아나운서로 활약하던 허지욱 씨를 영입했다. "LG의 쿨가이 박용택~"과 같이 단순한 선수소개가 아닌 관중들을 흥분시키는 소개 방식이 호응을 얻으면서 본격적으로 늘어나기 시작했다. 원정 선수 소개나 진행 등은 구단 직원 혹은 프리랜서 여성 아나운서들이 맡기도 하지만 홈팀 소개는 모두 장내 아나운서가 맡는다. 특히 '야구' 이외의 서비스를 팬들에게 제공하기 시작하면서 장내 아나운서들의 영역은 점점 넓어지고 있다. 사실 야구장 장내 아나운서는 이들의 본업은 아니다. 행사 MC 또는 레크리에이션 진행자가 본업이라고 볼 수 있다. 팬미팅과 같은 연예 행사는 물론 프로모션, 축제, 기업 행사(워크숍, 신년회), 체육대회, 대학 축제 등 영역도 넓다. 야구가 아닌 다른 스포츠에서도 일을 한다. 그러나 야구장 장내 아나운서는 선망의 대상이다. '이름값'과 '몸값'이 모두 뛰기 때문이다. 그래서 MC들은 야구장 장내 아나운서가 되기를 꿈꾸고, 기회가 오면 놓치지 않으려고 한다. 반대로 말하면 야구장 장내 아나운서가 되려면 진행 MC나 레크레이션 강사부터 되어야 한다. 문턱은 높지 않다. 레크리에이션의 경우 서울뿐만 아니라 지방에서도 손쉽게 특강이나 자격증 강의를 신청할 수 있다. 수강 기간이 짧은 곳은 이틀, 긴 곳은 주말을 활용해 한 달 동안 수업을 진행한다. 비용은 30만 원~100만 원 사이다. 단점은 국가 공인이 아니고 사설 단체에서 진행하기 때문에 실효성을 인정받지는 못하다는 것이다. 수강을 한다고 해서 'MC 자격증'을 얻은 게 아니라는 뜻이다. 대신 인맥과 요령을 습득할 수 있다. 레크리에이션과, 여가스포츠학과, 방송MC쇼호스트학과, 전문MC학과 등이 생겨났다. 전국이벤트MC연합회와 같은 조직도 있다. 가장 빠른 방법은 직접 이벤트회사를 찾아가는 것이다. 정말 '밑바닥'부터 일을 배우고 싶어 하는 이들이라면 비교적 쉽게 문을 여는 편이라고 한다. 아르바이트처럼 일하거나 전문 MC들을 따라다니며 배우는 '도제식' 수업을 받을 수도 있다. 공모를 통해 일정 기간 교육을 하고 정식 채용을 하는 회사들도 있다. 이벤트 MC가 된 뒤 스포츠 장내 아나운서가 되는 건 어렵지 않다. 경험과 인맥이 쌓이면 누구나 기회를 얻을 수 있다. 그렇지만 좋은 평가를 받으면서 오래 하려면 야구에 대한 열정이 필수적이다. 1년에 72경기(포스트시즌에 진출하면 더 늘어난다)나 열리는데 매번 새로운 것을 보여주고, 팬들에게 평가받기 때문이다. 직업으로서의 수명은 생각보다 길다. 건강 관리만 잘하면 50대가 돼서도 일할 수 있다.

박수미

타고난 끼와 팀에 대한 사랑, 종목에 대한 이해가 필요하다

박수미는 처음부터 장내 아나운서가 되려고 한 건 아니다. 자연스럽게 자신의 재능을 발휘할 기회를 얻었고, 하나하나 쌓아가면서 자신의 영역에서 인정을 받았다. MC란 일은 타고난 재능도 필요하다. '팬'들로부터 공감을 얻어내기 위한 이해와 노력도 필수적이다. 결혼과 출산을 하면서 10년 이상 프리랜서로 살아남은 건 일을 즐겼기 때문이다.

2014년 창단한 막내구단 KT 위즈는 파격을 두려워하지 않는다. 2015년 1군 합류 후 박수미 씨를 장내 아나운서로 선발한 것도 그렇다. 박수미 아나운서는 동덕여대 방송연예학과 1학년 때 아르바이트로 농구장에서 이 일을 시작한 뒤 핸드볼을 거쳐 야구까지 맡게 됐다. 최초이자 현재까지 유일한 여성 야구장 장내 아나운서인 셈이다. 야구뿐 아니라 핸드볼, 골프, 마라톤, 여자축구 등 영역을 넓혀가고 있다.

TIP! 타고난 끼 없으면 못해요

1984년생인 박수미는 원래 연예인 지망생이었다. 고등학교 때 장래 희망란에는 늘 '뮤지컬 배우'라고 써냈다. 사람들 앞에서 이야기하는 것을 좋아했던 그는 점심시간에 캠코더를 들도 선생님과 토크쇼를 찍거나 인터뷰를 할 정도로 끼가 많았다. 연극반에서 활동했고, 학교 행사 사회도 그의 차지였다. 자연스럽게 방송연예과로 진학했고, 대학에서 연기와 개그를 전공했다. 대학에 가서도 변하지 않았다. 성우들을 흉내 내면서 친구들을 웃게 만들었다. 장내 아나운서가 된 것도 그런 그를 눈여겨본 지도교수의 권유였다. 마이크를 잡는 일이라 흔쾌히 받아들인 박수미는 2002년 프로농구 전주 KCC 장내 아나운서가 됐다. 20살이라는 나이가 걸려 이벤트 대행사에 제출한 프로필에 나이를 4살이나 올려 적는 해프닝도 있었지만 잘 넘어갔다. 문제는 그가 스포츠를 좋아해 경기장에 자주 가는 편이긴 했지만 장내 아나운서가 어떤 일을 하는지 정확히 몰랐다는 것이다. 결국 비디오 자료 같은 것들을 보면서 어떤 억양, 어떤 말을 하는지 따라하면서 익히기 시작했다. 박수미는 "농구는 장내 아나운서가 경기 진행 상황에 대한 득점, 파울, 선수교체. 모든 상황을 방송한다. 그래서 개막을 앞두고 공부해야 했다. 지금도 1년에 한 번씩 KBL에서 장내 아나운서들을 모아 교육을 진행한다. 그래서 자연스럽게 서로 이야기를 나누기도 한다"라고 말했다. 다행히 평이 나쁘지 않았다. 농구 말고도 부르는 곳이 많아졌다. 핸드볼, 골프 아나운서도 맡았다. 그리고 2015년 처음으로 야구장 장내 아나운서가 됐다.

박수미는 "개막 한 달 전까지 고민했다. 여자는 나 하나다. 핸디캡이고 낯설어하는 분들도 있지만 오히려 혼자라는 게 큰 무기다. 남들 앞에 서는 걸 두려워하지 않고 도전해보고 싶은 의지가 있어서 야구장 아나운서가 될 수 있었던 것 같다"라며 "끼가 있는 분들에게 맞는 직업"이라고 했다.

TIP2 야구 지식보단 진행 능력

다른 야구 관련 직업에 비해 장내 아나운서는 야구에 대한 전문적인 지식이 많이 필요하진 않다. 박수미는 "농구와 달리 경기 상황을 소개하진 않기 때문에 야구는 중계보다는 타석에 들어서는 선수, 등판 투수 소개의 비중이 크다. 규칙 설명까지 다 하는 농구에 비해 장내 아나운서의 멘트는 적다. 소개도 원정 선수는 다른 분이 하시고 나는 홈팀 선수들 소개만 한다"라고 했다. 그래도 당연히 야구를 잘 알고 좋아하면 더 잘 할 수 있다. 박수미는 "선수소개 멘트도 준비하고 경기 뒤 인터뷰를 하는데 야구 자체를 모르거나 좋아하지 않으면 할 수가 없다"라고 했다. 제일 중요한 건 원활한 진행 능력이다. 야구는 다른 종목과 달리 공수교대 시간에 여러 이벤트를 진행한다. 박수미는 "요즘엔 전광판을 이용한 이벤트가 많다. 관중과 화면을 통해 함께 진행하는 것이다. 상품도 걸려 있는데 최대한 2분이라는 짧은 시간을 활용해야 한다. 특히 스폰서 기업을 잘 드러내는 게 아나운서의 능력이다. 자연스럽게 팬들의 머리 속에 남도록 하는 멘트를 개발해야 반응이 좋다"라고 했다. 경기 시간 2시간 30분~3시간 전에 야구장에 오는 것도 그래서다. 우선 시구자와 시상 리스트를 체크하고, 라인업이 나오면 타순별로 코멘트를 조정한다. 대행사에서 만든 타임테이블에 맞게 조금씩 변형한다. 키스 이벤트 같이 영상을 활용하는 이벤트는 카메라 팀과도 리허설을 한다. 창단 이후 계속해서 장내아나운서를 맡다 보니 '박수미=KT'란 공식도 생겼다. 응원단처럼 등번호가 새겨진 유니폼도 받았다. KT그룹 행사에 초청받아 진행을 맡기도 했다. 가장 잊혀지지 않는 경기는 2021년 치러진 삼성과의 정규시즌 1위 결정전. 공교롭게도 이 경기는 수원이 아닌 대구 라이온즈파크에서 열렸다. 하지만 구단에서는 "박수미의 목소리로 우승을 전하고 싶다"라고 제안했고, 망설임 없이 달려갔다. 수입도 조금씩 늘었다. 박수미는 "10년 전과 비교해 변화가 있긴 했다. 아무래도 야구 일을 하면서 인기가 생기면, 외부 기업 행사에서 플러스가 되는 부분들이 있다. 요즘엔 마라톤 행사도 진행을 많이 하는데 야구 아나운서 아니냐고 알아봐 주시는 분들이 있고, 주최측에서도 이런 점을 높게 평가해준다"라고 말했다.

TIP3 시간 관리, 자기 관리

박수미는 장내 아나운서가 되기 위해 꿈인 뮤지컬 배우를 포기해야 했다. 그는 "2005년에 가수 제의를 받아서 2년 정도 일을 쉬었다. 목에 무리가 가니까. 그런데 일이 잘 풀리지 않았고 다시 농구단에서 일을 하지 않겠냐는 제의를 받았을 때 '아르바이트가 아닌 일로서 해보자'는 결심을 했다"라고 말했다. 그는 "야구 쪽에서도 여러 차례 제의를 받았지만 여자 목소리를 불편해하시지 않을까 두려움이 있었다. 그래도 조금씩 나아졌다"라고 했다. 홈 경기가 있는 날은 반나절을 야구장에서 보내기 때문에 체력 소모도 적지 않다. 야구 일을 시작했지만 여전히 그는 핸드볼과 농구 쪽에서도 일하고 있다. 2024년부터는 프로배구로도 발을 뻗쳤다. 기존에 해오던 행사들도 조금 줄이긴 했지만 계속하고 있다. 응원단을 운영하는 대행사와 계약을 하는 프리랜서 신분으로 기업행사, 체육대회, 레크리에이션, 준공식. 시상식. 의전행사 다양한 곳에서 진행을 한다. 야구 쪽 수입만으로는 어렵기 때문이다. 박수미는 "야구는 경기 시간도 길고, 일반 행사에 비하면 출연료가 적은 편이다. 그래도 야구단 아나운서를 하면 그만큼 능력이 있기 때문에 좋은 평가를 받는다"라고 했다. 1년 중 일하는 날은 150~200일 정도. 물론 전체적인 스케줄은 야구 쪽에 맞춘다. 박수미는 "아무래도 일정이 겹칠 때가 있지만 구단에서 배려해준다. 선수소개는 원정팀을 소개하는 장내 아나운서가 해줄 수 있고, 야구단 행사 진행은 응원단장이 맡을 수도 있어서 큰 문제가 되지는 않는다"라고 설명했다. 개인적인 일은 희생할 수밖에 없다. 가족 행사보다 일이 먼저일 때가 허다하다. 박수미는 "어떨 때는 2주 동안 타이트한 일정이 잡힐 때도 있다. 그럴 때는 개인적인 약속을 줄이고 잘 쉬고 잘 먹는다. 하루 종일 일하는 건 아니니까 시간과 체력을 관리할 수 있는 여유가 있다"라고 했다. 힘 있고 우렁찬 목소리를 내기 위해 늘 최상의 컨디션을 유지하려고 한다. 목소리 관리법은 간단하다. 차가운 물을 절대 마시지 않고 여름에도 미지근한 물을 많이 먹는다. 습도 조절도 철저하다. 더 좋은 건 쉴 때 잠을 많이 자는 것이다. 박수미는 "사실 목이 잘 안 쉬는 편이고 목청도 크다. 발성 연습으로 개선할 수 있는 부분도 있지만 타고난 부분이 크다"라며 "스포츠는 관중들의 소리가 있기 때문에 전달력과 관중과의 호흡이 중요하다. 무조건 큰 소리를 내기보다는 강약 조절을 해야 한다"라고 했다. 그는 "야구 장내 아나운서가 되고 싶다면 야구장을 자주 가보길 권한다. 사람들이 주목할 수 있는 타이밍을 놓치지 않는 요령을 익혀야 한다. 야구를 잘 알면 흐름을 알기 때문에 도움이 된다"라고 했다. 프리랜서라는 건 장점이자 단점이다. 자유롭게 일을 할 수 있는 반면 고용 안정은 담보할 수 없기 때문이다. 박수미는 "일하고 싶을 때만 일하면 되니까 스케줄을 잘 관리하면 된다. 결혼을 했지만 이 일을 계속할 수 있는 이유이기도 하다. 앞으로도 내가 할 수 있는 한까지 해주고 싶다. 구단에서도 30년 이상 하고 은퇴식까지 하자고 격려해줬다"며 "대신 직장인들이 누리는 보험 혜택은 없다. 그래서 일부는 이벤트 회사와 계약해 직원 신분을 유지하거나 개인 사업자로 등록하는 경우도 있다"라고 설명했다.

PRESS ROOM

야구장

장내 아나운서는 엄밀히 말하면 직업이 아니다. 진행 MC들이 일하는 분야 중 하나다. 그러다보니 '이렇게 하면 장내 아나운서가 될 수 있다'라는 뚜렷한 길도 없다. 하지만 진행자로서 약간의 경력만 쌓으면 언제든지 도전할 수 있다는 점은 매력적이다. 현업에서 종사하고 있는 이들은 대개 MC로 경험을 쌓은 뒤 다른 종목에서 짧게는 2년, 길게는 7~8년 정도 일하다 야구장으로 왔다. 일을 시작하는 케이스는 크게 두 가지다. 인맥을 통해 구단이나 대행사와 연결되거나 구단이 직접 실시하는 공모에 응시하는 것이다. 최근에는 공채가 늘어났다. 한화는 선발 과정에서 팬들의 참여를 도입해 화제가 되기도 했다. 프로배구 남자부 대한항공 장내 아나운서를 맡았던 오창수 씨가 주인공이 됐다. 일단 장내 아나운서의 꿈이 있다면 몸으로 부딪치길 권한다. 시간과 노력이 아주 많이 필요한 게 아니라 금세 적성에 맞는지, 이 일을 잘 할 수 있는지를 판단할 수 있기 때문이다. 레크리에이션 자격증 프로그램을 수강하는 것도 좋고, 야구장 이벤트 회사에서 아르바이트를 해보는 것도 좋다. 허지욱은 "현재 일하고 있는 아나운서들 상당수는 다른 아나운서들이 자리를 비웠을 때 대타를 하면서 경력을 쌓고 뽑힌 이들이 많다. 공채도 스포츠 경력자가 훨씬 유리하다"라고 설명했다. 그는 "최근에는 진행 MC 회사들이 면접을 통해 교육생을 선발해 가르친 뒤 일하게 하는 시스템도 만들어졌다"라며 "남들 앞에 나서는 것을 좋아하고 목소리가 좋고 튼튼하면서 스포츠를 좋아한다면 언제든지 도전해보길 바란다"라고 했다. 야구로 시작하겠다는 생각은 피해야 한다. 박수미는 "아무래도 처음부터 프로팀 아나운서를 생각하고 오는 경우가 많다. 하지만 1군 무대가 아닌 곳에서 기회가 열린다. 축구는 3부, 4부리그까지 있다. 프로스포츠 뿐 아니라 대학리그도 있고, 장내 아나운서가 필요한 종목은 많다. 단순히 돈을 버는 게 아니더라도 마이크를 잡고 말을 한 번 해보는 게 도움이 된다. 그런 곳에 적극적으로 가서 경험해보는 게 중요하다"라고 했다. 아직 야구계엔 박수미 한 명뿐이지만, 다른 종목에선 여성에게도 문이 열리고 있다. 박수미는 "점점 문의하는 분들이 많아지고 있다. 여자 아나운서로 도전하고 싶다는 분들도 있어서 DM을 주고받기도 한다. 경기장에서 인사를 하면서 물어보는 분도 있어서 하나하나 알려드린 적도 있다. 충분히 도전할 수 있는 영역"이라고 했다. 장내 아나운서를 꿈꾸는 이들은 늘 갈림길에 선다. 진행 MC로서 얻을 수 있는 수입을 포기해야 하기 때문이다. 야구단에서 일하면 MC들의 주 수입원인 행사 진행을 맡기 어렵기 때문이다. 구단 마케팅팀 관계자는 "야구는 경기당 20~40만 원이지만 다른 스포츠는 그보다 시간이 적게 들고 수입은 훨씬 크다"라고 했다. 박수미는 "수입이나 시간을 보면 야구단이 가장 좋은 곳은 아니다. 실제로 행사 이벤트가 야구단 수익보다 크다. 하지만 야구, KT에 대한 사랑이 있으니까 제일 먼저 생각하게 된다. 자연스럽게 내 가치도 올라갔다"라고 했다.

SCOUTING REPORT

급여 수준	★★★★★★★⯪☆ 어지간한 직장인보다 많은 편. 야구나 스포츠 외의 부업도 있다	**65**
취업 난이도	★★★★★☆☆☆ 야구장 아나운서는 겨우 10명. 하지만 이벤트MC가 되면 기회는 온다	**50**
향후 전망	★★★★★☆☆☆ 프로스포츠가 있는 한 사라지지 않을 직종. 그러나 더 늘어나기도 어렵다	**50**
업무 강도	★★★☆☆☆☆☆ 프리랜서이기 때문에 체력과 여건이 되는대로 일할 수 있다	**30**
업무 만족도	★★★★★☆☆☆ 남들 앞에 나서는 걸 좋아하고 '끼'가 있는 이들에겐 최고의 직업	**50**

야구에서 사용하는 20-80 스케일을 기준으로 점수를 평가하였습니다.

09

해설 위원

/ 야구를 쉽게 풀어주고 재밌게 읽어주는 사람들 /

COMMENTATOR

야구 해설은 선수 출신들의 몫이었다. 하일성, 허구연 등 프로 출범 이전부터 해설위원을 맡았던 1세대 해설가들은 모두 아마추어 야구선수였다. 최근에는 경력이 더 화려해졌다. 해설위원들의 전문성을 높이고, 타 방송사와 경쟁하기 위해 너도나도 스타 플레이어 출신들을 영입하고 있기 때문이다. 은퇴 뒤 코치들보다 더 많은 몸값을 받고 해설위원으로 일하는 사례가 많아졌다. 2000년대 이후 메이저리그 중계가 늘어나면서부터 비선수 출신 해설위원이 등장했다. 야구를 잘 알고, 좋아하는 젊은이라면 해설위원은 선망의 직업일 것이다. 해외 야구의 경우 해설위원들은 경기 1~2시간 전 스튜디오로 간다. 출근이 그렇다는 것이지 실제로 방송을 준비하는 과정은 더 길다. 이미 그날 경기에 대한 이슈, 동향, 주목할 선수 등을 어느 정도 파악해야 한다. 야구의 경우 실제 플레이시간은 1시간도 되지 않기 때문에 풀어내야 할 '이야기거리'들을 꽤 준비해야 한다. 경험이 많은 해설위원이라 해도 버거운 일이다. 야구는 매일 경기가 열리기 때문에 다른 종목에 비해 새로운 일이나 변화가 많이 일어난다. 방송사 기록원 등 제작진의 도움도 받지만 스스로 준비하지 않으면 시청자들이 단박에 알아차린다. 그래서 이제 취재력은 기본이 됐다. 준비를 마치면 메이크업을 하고 캐스터와 간단하게 대화를 통해 방송의 방향을 잡는다. 스튜디오 부스에서 화면을 보면서 중계를 하는데 현지 화면과 영상도 언제나 체크할 수 있다. 방송사에서 하는 매거진 프로그램이나 분석 프로그램에 출연하는 것도 업무의 연장이다. 프로야구는 사전 작업이 더 많고, 길다. 현장 중계라 훨씬 많은 사람들의 노력이 투입되기 때문이

다. 보통 경기 3시간 전쯤에 야구장으로 가 선수, 코칭 스태프, 구단 관계
자들을 만난다. 경기 중간에 들어가는 짧은 비디오 클립이나 리뷰 프로
그램에 들어가는 꼭지 등을 위해 경기 전에 인터뷰를 1~2건 하기도 한
다. 방송 도중 하는 일은 해외야구와 국내 야구 경기가 크게 다르지 않다.
캐스터와 함께 경기를 지켜보며 시청자들이 좀 더 깊이있게 이해할 수
있도록 설명한다. 해설위원들의 공통점은 처음부터 '해설위원'이 아니
었다는 거다. 1세대 비선수 해설위원이라고 볼 수 있는 송재우는 미국에
서 메이저리그 관련 기고를 하다 해설위원이 됐다. 송 위원같은 마니아
출신이 곧장 해설위원이 되는 건 이제 불가능에 가깝다. 인터넷을 통해
해외 정보들을 접할 수 있어 해설위원보다 더 많이 아는 팬들이 많기 때
문이다. 송재우 위원도 "저의 경험은 요즘 해설위원을 꿈꾸는 이들에게
도움이 되지 않을 것 같아 걱정"이라고 말했다. 가장 현실적인 방법은 기
자를 거쳐 시작하는 것이다. 90년대 후반부터 2000년대 초반까지는 미
국 특파원 출신 기자들이 메이저리그 해설에 대거 참여했다. 이제는 완
전히 해설위원으로 정착한 민훈기 위원이 대표적이다. 스포츠조선 특파
원이었던 민 위원은 MLB는 물론 국내 프로야구 중계에도 참여했다. 일
본 프로야구 중계에도 기자 출신들이 다수 참여했다. 현제 메이저리그
해설위원 중 가장 좋은 평가를 받는 김형준 위원도 중앙일보 조인스닷컴
에서 기자 경력을 쌓았다. 에이전트나 구단 직원 출신도 있다. 대니얼 김
해설위원은 신시내티, 뉴욕 메츠 등 메이저리그 구단에서 일한 경력이
있다. 김민구 해설위원은 에이전시에서 일하다 마이크를 잡았다. 이처럼
야구 또는 스포츠계에서 경력을 쌓아야만 출발선에 설 수 있다. 다만 에

이전트나 해외구단 직원이 되기는 기자가 되는 것보다 어렵다. 해설위원이 어려운 점은 팬들과 실시간으로 직접 만난다는 점이다. 제아무리 지식이 많고, 말재주가 좋아도 방송에서 이를 풀어내지 못하면 아무 소용이 없다. '방송 체질'이라는 표현이 흔하지만 정말 딱 맞아떨어진다. 선천적인 능력이 없으면 해설위원은 할 수 없다고 본다. 긴장하지 않고 방송을 풀어가면서 상황을 정확하게 분석하고 짚어줄 수 있어야 한다. 목소리가 캐스터처럼 좋을 필요는 없겠지만 부담 없이 다가갈 수 있는 목소리도 있어야 한다. 물론 해박한 지식은 필수다. 제아무리 훌륭한 선수도 해설위원으로서는 좋은 평가를 받지 못하는 경우가 많은데 비선수 출신은 이 기준이 더 높다는 것을 알아야 한다.

이창섭

야구, 그리고 방송을 더 풍성하게
만드는 양념이 되어라

이창섭의 꿈은 '해설위원'이 아니었다. 아니, 오히려 해설위원 제안을 몇 번이나 거절했다. '말'보다는 '글'로 밥벌이를 하고 싶었기 때문이다. 하지만 글을 통해 풀어가던 야구를 자연스럽게 말로도 풀게 됐고, 그러면서 해설위원이 됐다. 그는 "내 이야기가 해설위원을 꿈꾸는 이에게 도움이 될지 모르겠다"라고 했다. 하지만 오히려 이창섭의 사례야말로 해설위원의 현실을 알려주는 본보기다. 기회와 운이 모두 따라야하기 때문이다. 물론 준비도 되어 있어야 한다.

SPOTIME MLB
AL 디비젼시리즈 1차전 리뷰

TIP1 글쓰기로 쌓은 네트워크

이창섭 해설위원은 SPOTV에서 2021년부터 메이저리그 해설을 맡았다. 하지만 군 복무 전까지는 야구계에서 일하겠다는 생각을 한 번도 가져 본 적이 없었다. 이 위원은 "울산대 국문학과 05학번이다. 원래 글을 쓰는 걸 좋아했는데 사실 국문학에 뜻이 있다거나 교사가 될 생각을 가지진 않았다. 우리 가족과 친척들은 전부 서울에서 대학을 다니다 보니 '대학 투어'처럼 학생 때 서울에 있는 대학교들을 여러 번 둘러봤다. 그런데 원룸에서 생활하고 복잡한 서울에서 사는 게 힘들어 보였다. 그래서 부모님이 사는 울산에서 대학을 다녀야겠다고 생각했다. 대학에 가서 공부해 보니 순수 문학은 잘 맞지 않았고, 비평이나 분석에 관심을 가졌다"라고 했다. 야구 팬들에게도 많이 알려져 있지만, 그는 어린 시절부터 롯데 자이언츠를 좋아했다. 그러다 2000년대 초반부터는 메이저리그에 빠져들었다. 복학을 앞둔 2008년부터 블로그에 글을 쓰기 시작했다. 그러다 포털사이트 네이버 메인에 그의 글이 처음으로 걸렸고, 유효상 야반도주 대표를 알게 됐다. 유 대표는 당시 네이버에서 콘텐츠 생산과 기획을 담당하고 있었다. 이창섭 위원은 "뭔가 이걸로 일을 하겠다는 생각은 아니고, 야구 글을 쓴다는 개념이었다. 학교를 다니면서 블로그를 썼는데 유효상 대표로부터 주기적으로 연락이 왔다. '이런 걸 써 보면 어떻겠느냐'는 이야기를 주고받았다. 하지만 그때까지도 야구계에서 일을 해야겠다는 생각을 하진 않았다. 그래서 2011년엔 휴학을 하고 미국 샌디에이고로 어학연수를 떠났다. 그러나 현장에서 메이저리그를 직접 보면서 야구에 대한 꿈이 커졌다. 결국 7개월 만에 연수를 그만두고 한국으로 돌아왔다. 2011년 만들어진 MK스포츠에서 기자 일을 시작하지 않겠냐는 제안을 받았던 그는 '학교를 졸업하지 않았다'고 거절하면서 대신 객원기자로 글을 썼다. 그리고 2012년에 유효상 대표가 네이버를 나와 시작한 스타트업 서비스 '야구친구' 필진이 됐다. 야구친구는 당시 야구 기자, 칼럼니스트 등이 모여 카카오톡과 어플 등으로 야구 정보를 유통했다. 야구친구를 통해 여러 야구계 쪽 인사들을 소개받게 됐다. 이창섭 위원이 본격적으로 야구 쪽 일을 하게 된건 '오늘의 MLB'에 참여하게 되면서부터였다. '오늘의 MLB'는 지금도 서비스되고 있는 네이버의 대표 해외 야구 콘텐츠다. 당일 경기들을 요약하면서 현지 영어 기사나 자료를 소개해 팬들이 쉽고 빠르게 그날 이슈를 확인할 수 있도록 정리하는 텍스트 콘텐츠다. 2006년부터 지금까지 이어지고 있으며 최훈 작가의 카툰과 함께 네이버 메이저리그 대표 콘텐츠로 자리매김했다. 당시엔 김형준 해설위원이 오늘의 MLB 필진이었고, 2025년 현재는 이현우 해설위원이 맡고 있다. 유효상 대표는 이창섭 위원에게 '프리뷰와 MLB 역사에 대한 글'을 쓰자고 권유했고, 자연스럽게 참여했다. 이창섭 위원은 "원래 내가 형준이 형의 팬이었다. 그런데 유효상 대표와 친분으로 알게 됐다. 내 블로그에 쓴 글을 보고 형 블로그에 소개를 시켜주기도 했다. 그러다 2012년에 네이버에서 정식으로 기고하기 시작했다. 마침 2013년 류현진 선수가 미국에 가면서 네이버에서 메이저리그 콘텐츠를 강화했다. 그전까지만 해도 매체에 들어가서 일을 하라는 조언을 많이 받았다. 나이가 좀 있는 편이니까. 네이버에서 처음엔 1년 연봉을 제안했다가 나중에 편당

고료 제안을 받았다. 비시즌에도 칼럼을 쓸 수 있는데다, 신문사 같은 언론사에서 일하면 서울에 올라가야 하는데 네이버는 그러지 않아도 되니까 좋았다"라고 했다. 메이저리그 칼럼니스트가 된 뒤 곧바로 해설 제안이 왔다. 하지만 받아들이진 않았다. 이창섭 위원은 "2012년 겨울이었던 거 같다. MBC에서 2013시즌부터 중계를 해보자고 권했다. 가끔 일이 있을 땐 울산에서 서울로 올라오는 건 좋았는데 서울에서 거주하면서 일하는 건 싫어서 거절했다. 해설이나 방송 경험도 없고, 네이버 기고와 방송을 동시에 하긴 버거워보였다"라고 말했다. 그러나 주변 지인들은 그를 여러 곳에 추천해줬고, 2015년이 돼서야 처음으로 방송에 출연하기 시작했다. KBS에서 제작한 온라인 콘텐트 '이광용의 옐로우 카드'였다. 곧바로 MBC 스포츠플러스에도 출연하기 시작했다. 그는 "당시 엠스플 팀장인 PD님이 다시 중계 참여를 권했다. 그런데 거절하니까 '얘는 돈만 벌려고 하는 애는 아니구나'라고 생각했는지 2016년에 하이라이트 프로를 하자고 했다"라고 떠올렸다. 차근차근 방송 경험을 쌓고 2021년이 되어서야 그는 해설위원으로 데뷔했다. 이 위원은 "때마침 네이버와 계약도 끝났고, 새롭게 중계권을 확보한 SPOTV에서 제안이 왔다. 옐로우카드를 하면서 (당시 SPOTV 재직중이었던)이재국 선배를 알게 됐다"라고 말했다.

TIP2 영어? 적어도 현지 중계는 알아들어야

메이저리그 해설위원에게 영어 실력은 필수적이다. 이창섭 위원은 "아마 내가 해설위원 중에서 제일 영어를 못할 거다. 사실 어학연수를 가긴 했지만 실력이 뛰어나진 않다. 그렇지만 지금도 틈틈이 공부한다. 현지 중계는 알아들을 정도다. 캐스터 중에서도 영어를 잘하는 사람이 있고, 못하는 사람도 있으니까 해설위원이 어느 정도는 해야 한다. 특히 올스타전, 포스트시즌엔 현지 중계에서 감독 인터뷰를 하는 걸 곧바로 전달해야 한다. 해설위원을 하고 싶다면 말하기 능력은 몰라도 최소한 영어 듣기 실력은 키워야 한다"라고 했다. 야구 중계 시간은 보통 3~4시간. 하지만 실제로 중계 준비를 하는데 쏟는 시간도 있기 때문에 한 경기 중계를 맡기 위해선 적지 않은 시간을 투자해야 한다. 이창섭 위원은 "경기 전날엔 선발투수 비중을 높게 두는 편이라 그전 등판을 챙겨보고 구종 같은 걸 글로 정리해놓는다. 그 다음에 야수, 감독, 코치 등의 최근 뉴스를 찾아본다. 전날, 전전날 경기를 보는 건 기본이다. MLB닷컴과 디어슬레틱은 물론이고 지역 매체를 많이 참고한다. 아무래도 지역 매체가 좀 더 자세한 내용을 다루기 때문이다. 보통 오전 8~9시 중계가 많아 3시간 전쯤에 일어나서 먼저 중계되는 경기를 본다. 글을 쓰는 일도 계속하고 있으니까 중계 준비를 하면서 글감도 찾고, 유튜브 소재도 찾는다"라고 했다. 아무래도 비선출 해설위원들은 선수 출신 해설에 비해 제약이 있다. 이창섭 위원도 고개를 끄덕였다. 그는 "내가 기술적인 걸 설명하긴 어렵고 '내가 하는 게 맞나' 싶은 생각도 했다. 그래서 그런 부분은 김선우 위원, 장성호 위원에게 물어볼 때도 있다. 선수들의 영상도 참고한다. 이를테면 (감독과 해설가로 활동했으며 MLB 네트워크 스튜디오 분석가로 일했던) 마크 데로사의 영상을 보고 '데로사가 이렇게 얘기한다'라고 소개하는

식"이라고 했다.

이 위원이 집중하는 건 '스토리'다. 그는 "내 정체성은 '스토리텔러'라고 생각한다. 그래서 선수 관련 에피소드들을 많이 챙겨본다. 물론 기록도 특이한 점들을 확인해둔다"라고 말했다. 메이저리그 해설위원도 근무 환경이 좋은 직종은 아니다. 새벽에 일하기도 하고, 일정한 스케줄로 근무할 수도 없기 때문이다. 이창섭 위원은 "해설위원을 거절했던 이유 중 하나가 '워라밸'이었다. 2025시즌엔 MLB 해설위원 7명이 SPOTV에서 중계했고, 내 경우엔 120경기 정도를 맡았다. 중계가 있을 땐 아예 먹지도 않는다. 방송 중에 화장실에 가야하는 가능성을 없애고 싶어서다. 예를 들어 오전 8시 경기면 전날 저녁을 일찍 먹고 6, 7시간 정도는 푹 자고 중계를 하러 간다. 중계 준비가 잘되어야 하는 스타일이라서 남들보다 준비 시간이 좀 긴 편"이라고 했다. 방송에서 가장 중요한 건 '재미'다. 이창섭 위원은 "첫 시즌엔 정신없이 방송을 했고, 틀을 잡기 시작한 건 두 번째 시즌부터다. 나는 야구가 더 재밌어야 한다고 생각하고, 그걸 재밌게 풀이하는 게 해설위원의 역할이라고 생각한다. 처음엔 기록에 비중을 많이 두는 해설을 하다경기 중 놓치는 장면도 있었다. 이제는 '어떻게 상황을 재밌게 설명할까. 선수가 왜 저랬을까'를 흥미롭게 이야기할 수 있을지를 고민한다. 김선우 해설이 '어떤 경기를 하더라도 네가 재밌게 보고 있어야 한다'라고 말해줬다. 나도 더 재밌게 관전할 수 있는 포인트를 잡아주는 해설을 선호한다"라고 했다. 이창섭 해설위원은 '자신만의 스타일'이 필요하다고 했다. 그는 "야구 글을 쓰고 싶어 하는 친구들이 자주 질문한다. '나만의 킥'이 있어야 한다고 답한다. 내 경우엔 김형준 해설의 글을 보고 쓰기 시작했는데 그 스타일은 '김형준의 것'이다. '드립'이라든지 '유머'라든지 하는 게 들어가 있다. 손건영 해설의 장점은 투덜거림이나 사이다 발언 같은 게 있다. 각자 가지고 있는 게 있다. 해설을 꿈꾸는 사람이라면 누군가를 참고하지만 자기 것을 만들 필요가 있다"라고 했다.

TIP3 직업의 외연을 넓혀가라

해설위원은 안정성이 떨어지는 직업이다. 프리랜서라 언제, 어떻게 일을 그만둘지도 모르기 때문이다. 특히 해외 스포츠 중계권 시장은 유동성이 크다. 프리미어리그나 MLB가 대표적이다. 방송사가 중계권을 잃게 되고, 해당 방송사에서 일하던 해설위원이 일자리를 잃는 경우도 생긴다. 그래서 다른 일을 필수적으로 해야 한다. 이창섭 위원은 해설을 맡은 이후에도 줄곧 글쓰기를 이어가고 있다. 최근에도 플랫폼은 다르지만, 네이버 시절처럼 칼럼과 MLB 관련 기고를 이어가고 있다. 사실 이 위원의 경우 해설보다 글쓰기를 더 좋아하는 이유도 있지만, 중계만으로는 안정적인 생활을 할 수 없기 때문이다. 다른 해설위원들도 마찬가지다. 송재우 해설위원은 갤럭시아 SM 이사직을 겸하면서 매니지먼트나 야구 관련 비즈니스를 맡았다. 추신수의 국내 매니지먼트 업무가 대표적이다. 에이전트를 겸직하거나 완전히 다른 부업을 하는 해설위원들도 있다. 손건영 해설위원은 자동차 딜러를 부업으로 하기도 했다. 이창섭 위원은 "아무래도 해설 이외의 일을 하는 걸 고민할 수밖에 없다. 내 경우엔 외부 기고가 있으니까 비시즌 수입이 아예 0은 아니지만 그렇다고 해설만 할 수는 없다"라고 했다. 최근엔 영역을 더 넓혔다. 이희영 SPOTV 해설위원과 함께 '21세기 야구'란 유튜브를 운영중이다. MLB 이야기는 물론 KBO리그로 무대를 옮긴 외국인 선수, 그리고 이창섭 위원이 좋아하는 롯데 이야기도 한다. 이 위원은 "개인적으로 나 자신을 '글쟁이'라고 표현할 만큼 '텍스트'를 좋아한다. 하지만 이제는 영상의 시대가 됐다. 라이브를 하거나 다른 방송도 나가고 있고, 유튜브를 하라는 조언을 많이 들었다. 실제로 이제는 많은 사람들이 글보다는 영상으로 정보를 받아들인다. 김형준, 이현우 위원도 유튜브를 운영한다"라며 "이희영 위원은 MBC 스포츠플러스 기록원일 때부터 친해졌다. 21세기 야구는 2023년에 시작했다. 글과 방송만으로는 우리가 하고 싶은 말을 다 하기 부족해서 시작했다. 편집은 이희영 위원이 하고, 자막을 내가 쓰고 있다. 사실 수익을 내려면 1주일에 1번 이상 꾸준히 올려야 하는데 그런 의도는 아니라서 그렇게까지는 업로드를 못하고 있다"라고 했다.

EXTRA INNING
-방송사도 기록원을 뽑는다구요?-

중계방송 엔딩 스크롤을 보면 기록원이란 표기를 볼 수 있다. 프로야구 기록을 정리하는 KBO 기록원과는 다른 방송 보조인력이라고 볼 수 있다. 기록원은 야구계에서 일하고 싶은 이들에게 좋은 기회의 장이다. 메이저리그 중계방송 1호 기록원인 이희영 해설위원에게 기록원에 대해 물었다.

Q 처음 기록원이 되신 시기는 언제인가요?

2011년 겨울에 MLB 커뮤니티인 'MLB 파크'에 MBC 스포츠플러스 기록원을 뽑는다는 공고 글이 올라왔다. 평소에 야구를 너무 좋아했는데 그걸 보고 응모했다. 당시에 학교를 휴학하고, 공무원 시험 준비를 하고 있었는데 방송 쪽 일에 발을 들인다는 생각보다 취미로 보는 수준이었는데 합격했다. 당시 월드시리즈 대진이 세인트루이스-텍사스였다. 알버트 푸홀스가 우승을 차지한 뒤 LA 에인절스로 떠났고, 데이비드 프리즈가 스타로 떠오르던 시기였다. 면접에서 2011년 메이저리그를 한 줄로 요약해달라는 질문을 받고 '굿바이 푸홀스, 헬로우 프리즈'라고 답했다. 실제로 기록원들은 기록을 정리해서 제목도 뽑아야 한다. 그때부터 쭉 일을 했다.

Q 구체적으로 어떤 업무를 수행하시는지 궁금합니다.

중계 스튜디오 안에서 캐스터 및 해설자를 도와서 기록을 정리하고 중계를 서포트하고 스튜디오 밖에서는 그날 경기의 자막을 PD와 함께 준비하는 게 기본이다. 야구 경기 중에는 상황이 일어났을 때 어떤 새로운 기록이 탄생하는지를 해설위원과 아나운서에게 전달해준다. 예를 들면 추신수가 힛 포 더 사이클을 기록했을 때 그게 아시아 최초라는 걸 찾아서 전달하는 식이다. 경기 전에는 방송에 나가는 기록과 자막을 미리 만든다. KBO 중계방송 기록원들이 하는 일도 비슷하다. 대신 현장 기록원은 야구 현장을 조금 더 많이 간다. 하이라이트와 같은 매거진 프로그램 기록원도 따로 있다. 방송사마다 조금씩 다르지만 보통 3~4명 정도를 수시 채용한다.

Q 근무 형태는 어떻게 되나요?

내가 일할 땐 3~4명이 돌아가면서 일했다. 일주일에 7일 일한 적도 있을 정도로 빡빡했고, 하루에 2경기 중계에 참여할 때도 있었다. 한 시즌에 200경기 넘게 했다. 아무래도 MLB는 새벽과 아침 경기가 많으니까 사실 '워라밸'은 좋지 않다. 보수는 건당으로 받는데, 아무래도 해설위원보다는 적다.

Q 해설위원은 어떤 과정을 통해 되셨나요?

2019년 말에 MBC 스포츠 플러스 제작진으로부터 제안을 받았다. 그동안 일해왔던 걸 좋게 봐줬다. 처음에는 자체 리허설처럼 새벽 경기부터 시작했다. 본격적으로 시작한 건 2021년 SPOTV에서부터다. 송재우, 김형준 해설위원 방송을 보면서 많이 공부하게 된 덕분이다. 워낙 많은 방송을 함께 하다 보니 카메라 앞에서 긴장했던 것 빼고는 어려움이 없었다.

Q 기록원의 장단점은 무엇이라고 생각하시나요?

야구를 원 없이 보면서 돈을 벌 수 있다는 것과 중계를 보면서 동경했던 해설위원을 가까이 볼 수 있다는 것이다. 비선출 출신 해설 뿐 아니라 선출들도 많이 볼 수 있지 않나. 사실 메이저리그 중계의 경우엔 현장에 가긴 쉽지 않은데 업계 사람들도 만날 수 있다. 나처럼 기록원을 하다 해설이 되는 일이 흔치는 않은데 기회가 없는 건 아니다. 나쁜 점은 고용의 불안정성이다. 기록원이 해설보다 더 불안정성이 크다. 방송국마다 다르지만 수입이 많지 않다. 사람마다 느끼는 차이가 있겠지만 '열정페이'로 볼 수도 있다. 새벽에 일을 하는 케이스도 많다.

PRESS ROOM

냉정하게

해주고 싶은 조언은 '해설위원이 될 생각은 하지 말라'다. 비선수 출신 해설위원들들이 처음부터 해설위원을 꿈꾸고 일을 시작한 건 아니다. 야구 관련 일을 하다가 능력을 인정받고, 점점 영역을 넓혀가다 그중 하나로 해설을 하는 경우가 대부분이다. '해설위원'을 목표로 삼지 말고, 야구계에서 일하면서 이루고 싶은 일 중 하나 정도로 권하고 싶다. 해설위원이 되는 가장 빠른 길은 역시 야구계에서 경력을 쌓는 것이다. 마니아를 단박에 해설위원으로 써줄 방송사는 어느 곳에도 없기 때문이다. 앞서 언급했듯 기자, 에이전트, 구단 직원 등을 거치면서 커리어를 만들 필요가 있다. 필자의 경우에도 사양했지만 해외야구 해설 제안을 받은 적이 있다. 작은 기회부터 살리는 게 방법이다. 각 방송사에서 선발하는 중계방송 기록원 등으로 경험을 쌓는 것도 힘이 될 수 있다. 기록원의 경우 방송사에서 결원이 생기면 뽑고 비정규직이라 급여는 많지 않다. 김민구 해설위원과 이희영 해설위원이 그런 사례다. 그러나 이런 케이스는 매우 드물다. 험난하다는 걸 늘 머릿속으로 생각하고 있어야 한다. 한 가지 더 쓴 소리를 하자면 영원한 직업이 아니라는 걸 늘 명심해야 한다. 방송사는 매우 민감한 조직이다. 소수점 이하 자리 시청률을 다투는 조직이기 때문에 해설자의 능력을 매우 객관적으로 바라본다. 정규직이 아니라 계약직 또는 프리랜서로 회당 또는 연봉 계약을 하기 때문에 언제 어떻게 '계약 불가' 통보를 받을지 모른다. 신분이 불안하다는 뜻이다. 능력이 출중해도 중계권 문제 때문에 방송사가 아예 방송을 할 수 없는 상황이 일어나기도 한다. 실제로 2015년까지 메이저리그 뉴미디어 중계권을 가졌던 SPOTV는 2016년부터 MBC스포츠플러스가 모든 권리를 독점하면서 더 이상 온라인 중계를 할 수 없게 됐다. 하지만 2021년부터는 SPOTV가 온오프라인 중계권을 모두 독점하게 됐다. MBC 스포츠플러스 해설위원들 중 일부는 SPOTV와 계약했고, 일부는 중계를 하지 않게 됐다. 변수가 많다. 대다수 해설위원은 칼럼을 쓰거나 다른 일을 병행한다. 보수 역시 크진 않다. 고정적으로 많은 방송을 할 수 있는 여건이 아니기 때문이다. 송재우 위원은 갤럭시아 SM 임원을 지냈고, 손건영 위원도 세일즈맨으로 일하기도 했다. '투잡'이 보편적이라는 뜻이다. 송재우 위원은 "해설위원만으로 밥을 먹고 살겠다는 생각은 위험하다"라고 했다. 좋은 해설위원의 지름길은 시청자와 공감하는 것이다. 비선수 출신은 상대적으로 세이버매트릭스나 선수 정보에 밝을지 몰라도 선수들에 비해 상황을 읽는 능력은 확실히 떨어진다. 그럴 때 시청자들이 어떤 정보를 원하고, 어떤 것을 궁금해할지를 빨리 잡아내야 한다. 한 방송사 PD는 해설자에게 중요한 건 "언변보다 소통"이라고 말했다. 이창섭 위원은 '글쓰기'를 추천했다. 글을 쓰면서 자연스럽게 틀이 잡히고, 말을 정리하는 데 도움이 되기 때문이다. 이창섭 위원은 "방송에서 할 멘트를 다 정리해서 가진 않지만, 하고 싶은 말들은 중계 전에 적어서 간다. 그러면 내가 평소에 쓰지 않는 어휘도 쓸 수 있다. 글도, 방송도 표현이 다양해야 한다. 똑같은 표현을 중복해서 쓰면 재미가 없다. 그래서 책이나 신문 보기를 추천한다. 나는 신문을 매일 본다. 신문에서 본 사회 현상을 중계에 빗대서 말할 수도 있다"라고 했다. 또 "나는 대중문화를 즐기지 않는 편인데, 미국 문화에 대한 이해가 깊으면 좋다. NBA, NFL 등 다른 미국 스포츠들을 즐기는 것도 금상첨화다. 현지 중계에선 그런 이야기를 많이 한다"라고 전했다. 해설위원의 수요가 늘어났다는 점은 희망적이다. 꾸준히 해외야구 콘텐츠에 대한 관심이 늘고 있기 때문이다. 메이저리그에 진출한 선수도 늘어났고, 대중들의 수요도 커졌다. 스케줄을 마음대로 짤 수는 없지만 프리랜서이기 때문에 방송 외의 시간을 자유롭게 쓸 수 있다는 것도 메리트다.

SCOUTING REPORT

급여 수준 ★★★★★☆☆☆
전속 해설가가 되면 안정적.
그러나 90% 이상이 비정규직
50

취업 난이도 ★★★★★★★☆
프로야구 쪽은 거의 없다.
MLB 쪽은 그래도 기회가 있다
70

향후 전망 ★★★★★☆☆☆
중계 플랫폼이 늘고 있다.
대신 경쟁력이 없다면 금방 퇴출될 수 있다
50

업무 강도 ★★★★☆☆☆☆
비시즌 기간에는 상당히 여유가 있다
40

업무 만족도 ★★★★★★★☆
소수에게만 있는 기회를 잡은 만큼
만족도는 매우 높은 편
70

야구에서 사용하는 20-80 스케일을 기준으로 점수를 평가하였습니다.

스카우트

10

/ '매의 눈'으로 원석을 찾아내자 /

SCOUT

업무 개요

선수 기량을 확인하고 구단에 정보를 제공

급여 수준

4,000만 원(정식 계약 후 초봉 기준)

채용 방식

수시 채용

요구 어학 능력

영어

유용한 제2외국어

일본어, 스페인어

　야구단이 좋은 성적을 내기 위한 첫 번째 조건은 '좋은 선수'를 얼마나 데리고 있느냐다. 물론 자금력이 풍부하다면 좋은 선수들을 살 수 있지만 모든 팀이 그런 건 아니다. 그래서 대다수의 팀은 '유망주'를 찾아서 육성하는 데 힘을 쓰고 있다. 암흑기를 걷던 LG가 재도약한 것도 드래프트로 뽑은 선수들이 성장한 덕분이다. MLB도 다르지 않다. 사치세(일정 기준 이상의 선수 연봉을 지급한 팀에게서 제재금을 받아 다른 팀에 나눠주는 제도)나 인터내셔널 드래프트 사이닝 보너스 풀(해외선수 계약금 합산에 제한을 두는 것)이 있어 효율적인 선수 영입이 필수적이다. 스카우트는 선수 영입 1선에 있는 사람들이다. 딕슨 베이스볼 딕셔너리에 따르면 스카우트의 뜻은 '하위 레벨의 선수를 평가하고 추천하며 사인을 맺는 사람', '앞으로 만나게 될 상대를 관찰하고 그들에 대한 리포트를 작성하는 사람'이다. 우리가 아는 스카우트는 일반적으로 전자를 말한다.(후자는 전력분석원의 역할이다) 스카우트들은 고교나 대학팀들의 경기를 주로 관찰하며 선수들의 기량을 확인한다. 모든 경기를 볼 수는 없지만 최대한 많은 자료를 확보하려고 애를 쓴다. 주변 사람들에 대한 평가를 수집하기도 한다. 그래야 실패 확률을 낮출 수 있기 때문이다. 미국 본토에서 근무하는 MLB 스카우트들은 광활한 미국을 떠돌아다니며 선수들을 쫓아다닌다. 한국 역시 미국만큼은 아니지만 발품을 많이 팔아야 한다. 예전에는 고교생 위주로 관찰했지만 범위가 넓어졌기 때문이다. 한국, 일본, 대만 리그에서 뛰는 외국인 선수들이 미국으로 유턴하는 비율이 높아져 현장을 돌아다니면서 최대한 많은 정보를 확보해야 한다.

한국 구단 스카우트 팀은 90% 이상이 선수 출신이다. 그러나 MLB 구단은 비선수 출신 스카우트들이 비중이 오히려 선수 출신보다 높다. 야구에 관한 관심과 경험이 많다면 충분히 비선수 출신도 할 수 있다는 판단을 내렸기 때문이다. 특히 미국과 중남미 지역에 편중됐던 과거와 달리 일본, 한국, 대만, 호주 등 아시아 선수들의 숫자가 늘어나는 추세다. 자연스럽게 아시아 지역 스카우트들을 과거보다 많이 채용하고 있다. 한국과 미국 야구의 경계는 조금씩 허물어지고 있다. 박찬호, 김병현, 서재응 등 미국에 직접 진출한 메이저리그 1세대들이 떠났지만 여전히 미국 무대에 도전하는 선수들은 나오고 있기 때문이다. 고교 졸업 후 곧장 미국에 가는 선수는 줄었지만, 한국 무대를 거쳐 미국으로 가는 선수들이 많아졌다. 특히 류현진, 김하성 등 성공을 거둔 선수들이 나오면서 한국에 상주하면서 일을 하는 한국인 스카우트들의 숫자도 늘어났다. 구단과 정식 계약을 한 MLB 스카우트만 10명이 넘는다. 선수 출신이 아니어도 얼마든지 스카우트로 일할 수 있는 환경이 만들어졌다. 물론 영어 능력은 아주 좋아야 한다. 야구선수의 능력을 객관적으로 평가할 수 있는 안목은 필수다.

김도윤

미래의 스타를 발굴하는
날카로운 안목의 소유자

김도윤은 야구선수 출신이 아니다. 하지만 안정적인 직장을 그만두고서라도 야구 일을 하고 싶었다. 그래서 무작정 미국 구단에 이력서를 냈다. 다행히 그들을 설득할 만큼 훌륭한 이력을 쌓은 덕분이었다. 지금 하는 일도 비슷하다. 선수를 관찰하고 확인한 뒤 구단 관계자들에게 그 선수가 어떤지를 알리고, 팀에 필요한 선수인지 아닌지 의견을 제시한다. 그러기 위해 수백, 수천 번의 경기를 보고 비디오를 돌려본다. 그게 스카우트의 일이다.

TIP| 직장도 그만둘 정도의 열정

김도윤 뉴욕 메츠 환태평양 스카우트는 1984년생이다. 어렸을 때부터 스포츠를 좋아했던 그는 고등학교 때 미국 유학을 떠났다. 영어를 거의 못했지만 기숙사 생활을 하면서 홀로 부딪혔고, 자연스럽게 영어 실력을 키웠다. 학창 시절 축구를 하면서 장학금을 받았던 그는 스포츠 쪽 일에 대한 꿈을 키웠다. 김도윤 스카우트는 "거의 모든 스포츠를 좋아했다. 일반적으로 팬들은 선수의 툴보다는 승패에 관심이 있고 응원을 하는데 내 경우에 야구는 좀 달랐다. 축구나 다른 종목은 팬으로서 응원했는데, 야구는 어떻게 스윙하는지, 어떻게 던지는지 같은 메커니즘에 관심이 많았다"라고 했다. 대학에서 경영학을 공부했던 그는 졸업 때쯤 스카우트란 직업에 대해 처음 알았다. 야구계에서 일해야겠다고 본격적으로 마음을 먹은 건 군복무를 하면서부터였다. 한국으로 돌아와 해군 장교로 입대한 그는 틈날 때마다 야구 공부를 했다. 하지만 막상 어떻게 해야 스카우트가 되는지를 몰랐다. 결국 영어 능력과 군복무 경력을 살려 조선업계 기업에 입사했다. 김 스카우트는 "항상 마음속엔 야구가 있었다. 군복무를 하면서 회사의 제안을 받았고, 입사했다. 이미 여자 친구가 있었고 결혼도 해야 하고, 취직도 해야 하니까. 그런데 나랑 맞지 않는다고 느꼈다"라고 떠올렸다. 결국 3년 만에 회사를 그만뒀다. 유망주 평가와 소개를 하는 책과 인터넷 사이트를 보면서 스카우팅 리포트를 어떻게 쓰는지 연습했다. 김 스카우트는 "인터넷에서 예전 자료를 찾아볼 수 있으니까 그걸 보면서 따라서 써봤다. 그리고 무작정 미국 구단들과 현직 스카우트들에게 '일하고 싶다'라는 메일을 보냈다. 지금 읽어보면 '어처구니없다'라고 느껴질 정도의 수준이었다"라고 설명했다. 몇 개의 구단이 김도윤 스카우트에게 인터뷰를 하자고 연락을 보냈다. 가장 먼저 일정이 잡힌 팀은 메츠였다. 타이밍도 좋았다. 당시 메츠는 한국인 직원이 없었다. 김 스카우트는 "면접을 봤는데 파트타임으로 채용하겠다는 답을 받았다. 다른 면접도 있었지만 보지 않고 계약했다. 아내는 고맙게도 찬성했지만, 부모님은 도와주시지 않겠다고 했다. 파트타임이라 보수가 많지는 않았다. 생활비 때문에 대출까지 받아야 했다"라고 말했다. 과거엔 MLB에서 스카우트를 교육시키는 스카우팅 스쿨을 열기도 했으나 지금은 운영하지 않고 있다. 구단에서 인원을 채용하는 것도 그만큼 어려워졌고, 인적 네트워크가 없으면 일자리가 생기는 것도 찾기가 어렵다. 다만 어느 정도 야구에 대한 지식, 그리고 소통 능력을 갖추면 쉽게 일을 시작할 수 있는 환경이다. 김도윤 스카우트는 "나는 경력직이 아니고 신입사원이라 스카우팅 기술이나 지식, 능력은 크게 보지 않은 듯했다. 대신 내가 일해온 경력이 있으니까 성실하다고 판단한 것 같다"라고 했다. 미국 구단들은 나이도 크게 신경 쓰지 않는다. 어슬레틱스 김현섭 스카우트의 경우 다른 일을 하다 38살에 시작했다. 비선수 출신이라고 해서 차별하지는 않는다. 김도윤 스카우트는 "내 업무보고 라인은 전원 비선수 출신이다. 물론 선수 출신만의 장점도 있지만 최근 경향은 그렇다. 우리 구단은 주니어 디렉터. 시니어 디렉터. 사장까지 모두 비선수 출신이다. 금융, 경제 전공자들이 많다"라고 말했다.

TIP2 성실함과 노력만이 살길

김 스카우트가 입사한 2015년엔 아시아 선수들의 해외 진출이 늘어나던 시기였다. 김 스카우트는 "오타니 쇼헤이(니혼햄 파이터스), 후지나미 신타로(한신 타이거스), 스가노 도모유키(요미우리 자이언츠) 등이 MLB 진출을 준비하던 시절이라 인원이 필요했다. 그래서 KBO와 NPB를 맡았다. 업무가 익숙해진 2018년부터는 대만까지 영역을 넓혔다"라고 했다. 구단으로선 열심히 일하는 김 스카우트가 만족스러웠고, 3년 만에 정직원으로 채용했다. 연봉도 5,000만 원 정도까지 올라갔다. 김 스카우트는 "하루에 열 몇 시간씩 인터넷으로 정보를 찾고, 경기장에 다녔다. 365일 중에 한 300일 야구장에 갔을 때도 있고, 호텔 숙박일이 130일을 넘길 때도 있었다. 최근에는 대만 직원을 파트타임으로 뽑아서 조금은 일이 줄었다. 그래도 아마추어 경기까지 치면 1년에 300경기~400경기 정도를 보는 것 같다"라고 설명했다. 어려워 보이지만 일을 익히는 데 충분한 시간도 주어졌다. 즉시 일할 사람을 찾는 한국과 달리 미국은 신입사원에겐 일을 배울 수 있는 시간을 주는 분위기다. 영어 능력이 약간 부족한 것도 큰 문제는 아니다. 리포트 작성은 야구 용어 중심이기 때문에 관심을 두고 공부하면 금방 따라잡을 수 있다. 김 스카우트는 "'미국 회사들은 모르는 게 있으면 물어보라'라고 하고, 너는 신입이니까 배워나가는 거라고 했다. 아무래도 정보 보고가 주 업무다. 빨리빨리 구단 관계자들이 알아야 하는 정보를 전할 수만 있으면 된다. 국내 회사에서 일을 할 때는 PT 제작을 많이 했고, 미국 상사들이 이 부분에 만족했다. 선수 정보를 소개할 때 게임 'MLB 더 쇼'의 선수 카드처럼 템플릿을 만들었더니 좋아했다. K-직장 경력이 내게 도움이 된 셈"이라고 웃었다. 이어 " 사실 영어 능력은 오히려 중요하지 않다. 야구는 숫자로 모든 걸 설명할 수 있기 때문"이라고 했다. 스카우트들의 주된 업무는 역시 선수들의 자료를 수집하고, 팀이 필요한 선수를 추천하는 것이다. 미국에서 활동하다 국내에서 뛰고 있는 외국인 선수들에 대한 최신 정보를 모으는 것 역시 김 스카우트의 일이다. 현장을 오가면서 국내외 야구 관계자들과 정보를 주고받고 동향을 구단에 전달한다. 예를 들면 2025년 당시 키움 소속이었던 송성문(샌디에이고와 계약)이 한화 코디 폰세(토론토와 계약)를 상대로 홈런을 친 경기를 지켜본 11명의 스카우트 중 1명이 김도윤 스카우트였다. 30개 MLB 구단은 영입까지 진행되지 않더라도 항상 선수들을 지켜보고 있다. 김 스카우트는 "계약은 팀 사정에 맞게 진행될 수밖에 없다. 예를 들어 이정후는 우리 구단도 관심이 있었으나 금액 차이가 있었다. 송성문은 좋은 평가를 받았지만, 팀 내 좌타자 내야수 유망주가 많아 오퍼를 하지 않았다"라고 설명했다. 메이저리그에서는 흔히 20-80 스케일 평가를 사용한다. 선수의 능력치를 수치화시켜 메이저리그 평균 정도라면 50점이라고 매기는 식이다. 흔히 빅리그에서 타율 0.260 정도를 칠 수 있는 선수라면 타격 능력에선 50점을 받을 수 있다. 100마일 이상 뿌리는 선수라면 구속 평가에서 80점을 얻는 식이다. 여기에 선수의 특징을 잘 설명할 수 있는 표현을 덧붙여 리포트를 작성한다. 김도윤 스카우트는 "사실 이 일은 가르쳐주는 사람이 없다. 내 경우엔 야구 관련 서적, 예전 스카우팅 리포트 책을 보면서 '이런 표현은 이럴 때 쓰는구나'라고 배웠다.

이를테면 제구력이 흔들리는 투수에겐 'comes and goes'라는 표현을 쓴다. 요즘엔 AI를 잘 활용하면 보고서 작성에 도움이 될 것"이라고 했다. 이어 "5툴을 기반으로 한 평가는 여전히 쓰이고 있다. 다만 좀 더 세분화되고, 구단마다 그 기준은 달라진다. 최근에는 공을 배트에 맞히는 능력, 출루 능력이 고평가되는 추세다. 이정후가 일본 야수들에 비해 고평가된 게 그런 흐름이라고 할 수 있다. 투수는 아무래도 커맨드, 원하는 곳에 던질 수 있는 능력이 중요하다. 인성은 기본적으로 관찰하는 요소"라고 했다. 김 스카우트는 "이 일을 택한 뒤 힘들다고 느낀 적은 없다. 군 입대할 때 이력서를 낼 때 취미로 'MLB 야구선수 분석'이라고 썼는데 그 일을 하고 있지 않나. 다만 이동을 많이 해야 하는 건 어쩔 수 없다. 대만만 가도 이동에만 하루를 다 써야 하고, 새벽 비행기를 탈 때도 많다. 그런 걸 힘들어하면 할 수 없는 일"이라고 했다. 김도윤 스카우트는 "한국은 고교생을 평가할 때 즉시전력감을 많이 바라는데, 어떤 선수들은 (마이너리그부터 시간을 들여 육성하는) 미국 리그에 가는 게 맞다"며 "그런 선수가 보이면 우선 구단 상급자들을 설득하고 이해시킨다. 총괄 스카우트나 단장, 부사장을 설득해도 사장을 설득하지 못하면 영입 작업은 불가능하다. 선수와 가족을 만나 설득하고, 구단 관계자들도 이해시킬 수 있어야 한다"라고 했다.

PRESS ROOM

비선수 출신이

KBO리그에서 활동하는 스카우트가 되는 것은 거의 불가능하다. 아직 전례가 없고, 구단 역시 은퇴 선수들을 주로 스카우트와 전력분석원으로 활용하기 때문이다. 그러나 김도윤 스카우트의 사례처럼 MLB 구단의 경우에는 충분히 문이 열려 있다. 김현섭 스카우트의 경우엔 영어 학원 강사로 일하다 아마추어 경기를 보러 다니면서 인맥을 쌓았고, 자연스럽게 일할 기회를 얻었다. 박광민 텍사스 국제 스카우트는 기자 출신으로 국제 업무를 맡다 스카우트로 변신한 케이스다. 스카우트가 되는 데 특별한 자격이나 능력이 필요한 건 아니다. 성향이나 성격도 중요하지 않다. 현장에서 일하는 스카우트들은 제각각 다른 편이다. 구단이 정해놓은 가이드라인이 있으므로 거기에 포커스를 맞춘다. 다만 한국과 조금 다른 미국의 성향에는 적응해야 한다. 김도윤 스카우트는 "자기 업무에 대해 자부심이 있어야 한다. 그리고 한국인이 미국에서 일하려면 조직과 문화에 스며들어야 한다. 그런 걸 이해하고 파악할 수 있어야 한다. 그들 입장에선 아무것도 모르는 사람이니 미국인과 다른 대우를 받을 수도 있다. 하지만 참고 버티면서 성과를 내면 좋은 평가를 해준다. 우리나라보다는 인맥보다 성과를 중시하는 성향"이라고 했다. 시장 상황은 나쁘지 않다. 한동안 고교생들의 해외 진출이 줄어들었지만, 국제 아마추어 계약도 꾸준히 진행되고 있다. 2021년 엄형찬(캔자스스시티), 2022년 조원빈(세인트루이스), 2023년 심준석(피츠버그), 장현석(LA 다저스), 이찬솔(보스턴), 2025년 김성준(텍사스) 등이 미국행을 택했다. MLB 구단들은 성장배경, 문화적인 측면, 선수의 성격까지 꼼꼼하게 체크하기 위해 한국인 스카우트들을 적극적으로 활용하고 있다. 보수는 능력에 상응한다. 파트타임으로 일할 때는 1,000만 원 정도 수준이지만 정식 직원이 되면 급여가 확 뛴다. 장기 근무한 스카우트들은 1억 원 이상을 받기도 한다. 다만 선수 계약을 한다 해도 특별한 인센티브가 있는 것은 아니다. 대신 시간 활용을 자유롭게 할 수 있기 때문에 여러 가지 일을 할 수 있다는 장점은 있다. 스카우트는 팀의 미래를 결정하는 아주 중요한 작업이다. 스카우트로서 선수의 가치를 찾아내고, 많은 사람들을 설득해 계약까지 이르는 과정은 기다림의 연속이다. 선수 영입을 결정하더라도 선수와 가족에게 구단의 비전을 설명하는 역할까지 해야 한다. 하지만 그 작업 과정을 완성하고 영입까지 성공시켰을 때의 성취감은 어마어마하다.

SCOUTING REPORT

급여 수준	★★★★★★★☆ 풀타임 정식 직원이 되면 안정적	**70**
취업 난이도	★★★★★☆☆☆ 비선수 출신에게 개방적이고 시장도 커지고 있음	**50**
향후 전망	★★★★★★☆☆ 한국과 일본, 대만은 물론 중국도 먼 미래의 시장이 될 가능성 높음	**60**
업무 강도	★★★☆☆☆☆☆ 프리랜서에 가까운 근무 형태. 개인적인 노력은 필요	**40**
업무 만족도	★★★★★★★☆ 매년 새로운 선수를 찾고, 지켜보는 기쁨	**70**

야구에서 사용하는 20-80 스케일을 기준으로 점수를 평가하였습니다.

전문 기자

11

/ 가장 가까운 곳에서 야구 얘기를 듣고 전해주는 사람 /

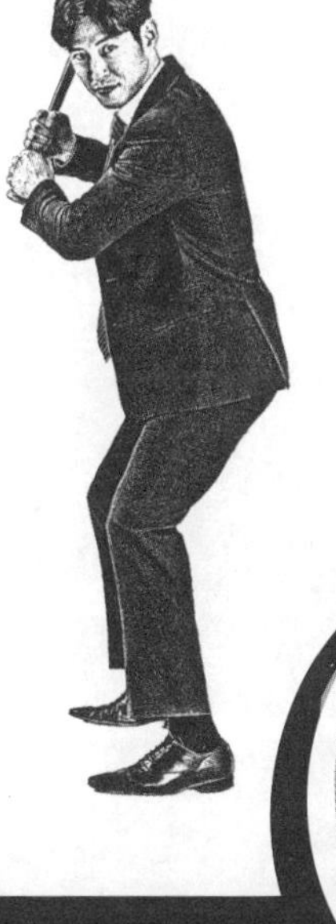

BASEBALL JOURNALIST

업무 개요

국내·외 야구 관련 기사 작성

급여 수준

연 3,000만 원대 초중반
(인터넷 신문사 및 스포츠 전문지 초봉 기준)

채용 방식

결원 시 수시 채용

요구 어학 능력

영어

우대 경력

야구 및 언론 관련 대외 활동

　KBO로부터 출입증(프로야구 경기가 열리는 야구장을 들어갈 수 있는 취재허가증)을 받을 수 있는 매체는 100개 정도다. 그 중 취재 기자는 약 300명 남짓이다. 그러나 '야구'만을 취재하는 기자는 '0'에 가깝다. 야구뿐 아니라 다른 종목도 취재하기 때문이다. 필자의 경우도 야구와 배구, 빙상, 복싱, 양궁, 사이클, 레슬링, 육상, 장애인체육, 서핑, 세팍타크로 등 열 개가 넘는 종목을 맡고 있다. 물론 1년에 기사를 한 번 쓸까 말까 한 종목도 있지만 한 종목에만 집중하긴 어렵다. 그렇다고 해서 야구 전문 기자가 없느냐. 아니다. 스포츠 기자들은 일반적으로 '야구 기자'와 '축구 기자'로 나뉜다. 가장 기삿거리가 많고, 독자들의 수요가 큰 야구와 축구를 중심으로 부서를 꾸리기 때문이다. 간혹 야구와 축구를 모두 취재하거나, 둘 다 담당하지 않는 기자들도 있지만 대다수는 야구나 축구 중 하나를 맡는다. 필자가 일하고 있는 중앙일보의 경우 스포츠부에 9명의 기자가 있다. 그중 1명은 데스크(기자들이 작성한 기사를 검수하고 그날 어떤 기사를 쓸지 결정하는 책임자)를 맡고 있다. 나머지 8명 중 7명은 '야구팀'과 '축구팀'이다. 야구팀(3명)은 야구, 축구팀(4명)은 축구를 주로 취재한다. 그리고 겨울 종목인 농구와 배구 중 하나를 더 맡는다. 스포츠지도 대체로 두 개 팀으로 구성한다. 하지만 어디까지나 주 종목은 대개 야구나 축구다. 앞에서도 말했듯 가장 많은 독자가 원하는 아이템은 야구나 축구 기사이기 때문이다. 야구 담당 기자들은 시즌이 매우 길고(3월~11월), 경기가 매일 열리기 때문에 거의 대부분의 시간을 야구 취재와 기사 작성에 매달린다. 스포츠 취재 기자는 크게 '펜' 기자와 '방송' 기자로 나뉜다.

펜 기자는 종이 신문 기자들과 인터넷 매체 기자들을 통칭한다. 방송 기자는 지상파와 종편 등 방송사에서 일하는 기자들이다. 두 직군은 같은 현장에서 일하지만, 취재 동선과 패턴이 굉장히 다르다. '야구 기자'가 되고 싶다면 '펜' 기자를 추천한다. 방송 기자들의 경우는 항상 카메라와 함께 이동해야 하고, 취재 이외에도 촬영과 편집 등에 많은 시간을 쏟아야 해서 현장에 머무는 시간이 상대적으로 적기 때문이다. '펜' 기자는 노트북만 있으면 어디서든 기사를 쓸 수 있다. 신문에서 일하다 방송으로 옮기는 사례도 많다. 여기서는 '펜' 기자 중심으로 소개를 하겠다. 야구장을 '출입처'로 하는 매체는 크게 통신사(연합뉴스, 뉴시스, 뉴스1 등), 일간 종합지(중앙일보, 조선일보, 한겨레신문, 경향신문 등), 스포츠 전문지(일간스포츠, 스포츠동아, 스포츠조선, 스포츠서울 등), 인터넷(온라인) 매체(OSEN, 조이뉴스, 엑스포츠뉴스, 마이데일리, MK스포츠 등)로 나눌 수 있다. 축구는 풋볼리스트, 포포투, 인터풋볼과 같은 전문매체가 있지만 야구 전문매체는 없다. 종이 매체와 인터넷 매체는 업무 형태가 다르다. 종이 신문의 경우 일반적으로 신문 지면에 들어가는 기사를 먼저 작성한다. 요즘에는 디지털 디바이스가 일반화되고 종이 신문 독자가 줄어들면서 온라인에만 나가는 '디지털' 또는 '온라인' 기사의 비중이 늘고 있긴 하다. 하지만 여전히 지면용 기사에 시간을 많이 쓴다. 종이신문을 찍는 데는 큰 비용이 투입되고, 한 번 신문으로 만들어지면 수정하는 것이 불가능하기 때문이다. 인터넷 매체 기자들보다 작성하는 기사 수는 적고, 공은 더 들인다고 보면 된다. 기사 스타일도 경기 내용을 쓰는 스트레이트 기사 보다는, 기획 기사나 분석, 인터뷰 등의 비중이 크다. 인터넷 매체와 통신사 기자들은 '양'과 '시간'이 중요하다. 남들보다 빠르고 많은 기사를 써야하기 때문이다. 그래서 기사량 자체는 많지 않더라도 '꼭지'를 늘리는 데 중점을 둔다. 경기가 있는 날은 보통 현장에서 800~2,000자 내외의 기사를 5~10개 정도 쓴다. 경기가 끝난 다음에도 분석이나 예상 기사를 써야 하기 때문에 근무량은 더 늘어난다. 기사를 쓰는 절대적인 양은 종이 매체보다 많다. 다만 교열(맞춤법과 데스킹(기사를 다듬는 과정)을 두세 차례 거치는 '신문 기사'보다는 덜 정돈될 수밖에 없다. 인터넷 매체는 속보 경쟁이 중요해서 기자가 쓴 글을 곧바로 출고(작성한 기사를 웹이나 모바일로 볼 수 있게 내보내는 것. '쏜다'는 표현을 쓰기도 한다)하기 때문이다. 야구 기자가 되는 길은 크게 두 가지다. 종합지나 통신사에 들어간 뒤 체육부에 배치되거나 스포츠 전문지, 온라인 매체에 들어가는 것이다.

전자의 경우 상대적으로 문이 좁다. 중앙 일간지와 통신사는 거의 매년 수백 명에 이르는 신입기자를 뽑는다. 그래도 경쟁률이 만만치 않다. 어려운 관문을 통과한다면 이야기는 조금 달라진다. 원하는 부서에 배치될 가능성은 낮지만 경제부나 정치부 등에 비해 스포츠부의 인기는 높지 않은 편이기 때문이다. 입사 뒤 꾸준히 스포츠나 야구에 대한 희망과 지식을 어필한다면 충분히 가능하다. 지방지도 스포츠부가 있다. 이 경우 해당 지방 연고 팀들을 취재하는데 부산이나 광주, 대구처럼 프로야구 팀이 있는 곳이라면 야구 전문 기자 못잖게 많은 취재를 할 수 있다.

야구를 좀 더 가까운 곳에 자주 보면서 취재하고 싶은 마음이 강하다면 스포츠 전문지와 인터넷 매체를 권한다. 이 매체들도 다른 부서(연예, 레저, 경제 등)가 있지만 비중이 현저히 낮다. 채용 공고를 낼 때 '스포츠부'로 한정하는 매체들도 많다. 경향신문-스포츠경향처럼 계열사끼리 편제를 묶은 경우도 있다. 이 경우 소속 기자들은 두 매체에 모두 기사를 공급한다. 인터넷 매체의 경우 야구를 취재하는 회사가 점점 늘고 있다. 2000년에만 해도 5~6개에 불과했지만 이제는 세 배 이상 늘었다. 야구 인기가 높아지고 있기 때문이다.

야구기자가 되기 위해서 가장 필요한 건 역시 야구에 대한 지식과 관심이다. 언론사에서 야구 담당을 맡으려면 기본적인 지식을 갖춰야 한다. 예전에는 도제식 교육을 거친 뒤 현장에 나갔지만, 요즘은 즉시 투입될 수 있는 사람을 채용하는 추세다. 야구의 경우 다른 종목에 비해 역사가 길고, 일본이나 미국 등 해외 야구 기사도 써야해서 진입장벽이 높은 편이다. 규칙도 매우 까다로우며 한 팀의 1군 선수 숫자만 해도 30명 가까이 된다. 팀과 선수가 쌓아온 역사를 어느 정도 체득하고 있어야 감독이나 선수에게 질문을 던지고, 답변을 이끌어낼 수 있다.

유준상

모든 것을 경험해 보자, 경험이 재산이다

유준상은 중학생 때부터 야구 기자를 꿈꿨다. 다른 야구계 직업도 마찬가지지만 야구에 대한 이해와 소양이 필요하다. 학교를 졸업할 때까지 야구 한 우물만 팠다. 덕분에 그는 나이에 비해 꽤 많은 경력을 쌓았고, 남들보다 빠르게 업계에 들어올 수 있었다. 물론 그게 전부는 아니다. 야구 기자는 사람을 상대하는 일이기 때문이다. 취재원들에 대한 이해를 넓혀가는 게 가장 어렵다고 말했다.

TIP| 경험이 스펙이다

유준상 기자는 현직 야구 기자 중 가장 젊은 편이다. 1998년생인 그는 한양대 에리카캠퍼스 신문방송학과를 졸업하고 2023년 엑스포츠뉴스에 입사했다. 입사 이후 줄곧 야구 담당을 맡았다. 2025시즌엔 SSG와 KIA 담당을 맡았다. 그가 야구 기자의 꿈을 꾸게 된 건 꽤 이른 시기였다. 유 기자는 "아주 어렸을 때부터 야구를 봤다. 할아버지가 OB 팬이었고, 아버지도 두산을 좋아했다. 자연스럽게 나도 두산을 좋아했다. 초등학교 때부터 막연하게 내가 좋아하는 야구 관련 일을 해보고 싶다고 생각했다"라고 말했다. 야구 기자들은 당연히 야구를 좋아하는 사람의 비율이 압도적으로 높다. 하지만 대다수는 대학 진학 이후에나 기자가 되겠다고 생각하는 이들이 많다. 배영은 중앙일보 야구 팀장은 대학에서 작곡을 전공하다 "재미있는 일을 하고 싶어서" 기자가 됐고, 연예부를 거쳐서 야구부에 자리 잡은 케이스다. '기자'를 꿈꾸다 야구 기자가 된 사례도 많다. 2007년 OSEN에 입사한 손찬익 기자가 그렇다. 대구 지역 일간지 사회부 기자를 꿈꾸며 정치외교학과에 진학했던 그는 어느덧 삼성 라이온즈 출입기자만 20년이나 한 베테랑이 됐다. 유준상은 남들보다 구체적인 꿈을 세운 시기가 매우 빨랐다. 중학교 2학년 때부터 야구 기자가 되고 싶다는 생각을 가졌다. 단순히 매일 저녁 야구를 보는 것에 그치지 않고 글로 옮기기 시작했다. 인터넷 카페와 블로그에서 자신이 본 야구에 관한 내용을 칼럼으로 썼다. 고등학교에 입학한 뒤에는 오마이뉴스 시민기자로 활동했다. 유 기자는 "사실 그런 활동이 생활기록부에 들어가는 건 아니잖나. 그래도 여러 가지 활동을 했던 걸 대학에서도 좋게 봐주셔서 원하는 과에 입학할 수 있었다. 실제로 내게 자양분이 되기도 했다"라고 말했다. 대학에 간 뒤에도 인터넷 개인 방송을 하거나 팟캐스트에 게스트로 참여하면서 경험을 쌓았다. 2019년 3월 공군으로 입대한 뒤 2021년 1월에 전역한 그는 곧바로 복학했다. 그리고 그전에 하던 활동들을 다시 이어갔다. 유 기자는 "계속 야구 기자가 되고 싶다는 생각만 가졌다. 그러다가 뭔가를 준비해 놓고 취준생이 되자는 생각에 4학년 1학기를 마치고 휴학을 했다. 토익 점수가 필요하니까 공부도 하고 방송사나 여러 언론사 시험을 준비했다. 마음을 졸이면서 반년 정도를 보냈다"라고 했다. 하지만 최근 스포츠 전문지들은 신입 공채를 거의 뽑지 않는다. 필자의 경우 2009년 일간스포츠에 입사했는데, 당시엔 신입 기자를 5명 채용했다. 하지만 최근 10년 동안 일간스포츠가 스포츠부에서 뽑은 신입은 3명뿐이었다. 방송사나 일간 종합지에선 매년 공채를 실시하지만 경쟁률이 치열하다. 하지만 인터넷 매체의 경우에는 수시로 채용이 진행된다. 유준상이 입사한 엑스포츠뉴스도 스포츠와 연예를 다루는 인터넷 언론사다. 2023년 4월 지원서를 낸 그는 서류와 두 차례 면접을 거쳐 합격했다. 6개월 정도 수습기자로 일한 뒤 정규직이 됐다. 엑스포츠뉴스가 그를 뽑은 이유는 '많은 경험'이었다. 당시 그의 면접관이었던 김현기 스포츠부장은 "야구를 많이 알아도 기사를 쓰기 위해 필요한 기본을 모르는 일도 있다. 이를테면 축구에선 골 라인(짧은 라인)이라고 하는데 농구에서 쓰는 엔드 라인이라고 쓰는 현직 기자도 있다"라며 "경력 중에 KBO 기록강습회에 참가한 게 인상적이었다. 야구를 공부하려는 의지가 느껴졌다”라고 했다. 유준상 기자는 “사실 내 스펙이 그리 뛰어난 편은 아니다. 학점은 4.3점 정도로 좋았지만, 어학 점수는 800점이 채 안 됐다. 그래도 박용택 해설위원 자서전 구성에 참여했고, 이영미 기자 유튜브에 구성 작가로 일한 적도 있다. 그런 것들을 좋게 봐주셨다고 들었다”라고 했다. 과거에는 이른바 명문대 출신이나 스펙이 좋은 이들을 뽑아서 야구와 관련된 것들을 가르치기도 했다. 하지만 최근엔 곧바로 현장에 투입해 일을 할 수 있는 사람을 원한다. 유준상 기자는 “나는 신문방송학과를 나왔지만 기자가 되는데 사실 학과는 관계없는 것 같다. 흔히 ‘언론고시’라고 하는데 내 경우엔 제대로 준비했다고 말하기엔 부끄럽다. 야구와 관련된 부수적인 활동들에 치중했기 때문이다. 그래도 그게 입사엔 도움이 됐다”라면서 “구단이나 여러 기관에서 운영하는 대학생 마케터나 학생기자를 체험해 보는 것도 좋다. 나는 문화체육관광부 대학생기자단를 1년 정도 했다. 좋은 경험이었다. 선배들이 ‘우리도 실수한다’고 하는데 실제로 배움에는 끝이 없다는 느낌”이라고 했다. 선배들에게 피드백을 받지만 런바이두잉, 지금도 하면서 배우고. 선배들도 다 실수한다. 배움에는 끝이 없다는 느낌이다.

TIP2 하루 근무 시간? 나도 몰라요

막상 현장에 투입된 뒤 놀라는 일도 많았다. 유준상 기자는 “현장에서 보고 듣는 세계는 기사로 보는 것 이상이었다. 글을 업으로 삼지 않았을 때 썼던 기사와 직업을 갖고 쓰는 기사의 구성이 완전히 달랐다. 자연스럽게 배우고 느끼는 게 많았다. 물론 기사 조회수에 대한 압박이 있지만"이라고 했다. 근무 강도도 생각보다 강했다. 기자들은 선수들만큼은 아니지만 꽤 많은 시간을 야구장에서 보낸다. 대개 경기 시작 서너 시간 전에 야구장에 도착한다. 더그아웃에서 선수들이나 감독의 이야기를 들어야 하기 때문이다. 보통 홈팀 감독 인터뷰가 경기 시작 2시간 30분, 원정팀 감독 인터뷰가 1시간 30분에 시작된다. 선수 인터뷰까지 하려면 꽤 바쁘게 움직여야 한다. 야구는 1주일에 6경기가 열린다. 주 5일 근무도 언감생심이다. 스포츠지는 토요일과 일요일자 신문을 발행하지 않지만 종합지는 토요일에도 발행한다. 여기에 요즘엔 종이 신문에 들어가는 기사 외에도 온라인 기사를 많이 쓰지만 그래도 '신문 업무'에 무게를 두게 된다. 온라인 매체는 발행일이 따로 없기 때문에 일하는 시간은 유연하지만, 오히려 조회수에 민감하다. 조회수가 곧 수익이기 때문이다. 그래서 더 많은 온라인 기사를 쓰게 된다. 유준상 기자는 "사실 따로 쉬는 날이 없다. 의사나 간호사처럼 스케줄 근무다. 휴일 근무가 많고 평일에 쉬는 경우가 많아 처음엔 적응하기 어려웠다. 시간도 그렇다. 오전에 일하다 야구장에 가기도 한다. 그러니까 '정확하게 몇 시간 일한다'라고 표현하기가 어렵다. 주 40시간은 거의 안 지켜진다고 보면 된다. 기사를 쓰기 위해 고민하거나 취재하는 시간이나, 이동하는 시간은 근무 시간이라고도 하기 어렵고, 아니라고도 하기 어렵다"라고 말했다. 경기장 취재가 잡힌 날은 특히 바쁘다. 유준상 기자는 "오전에 일어나서 어떤 기사를 쓸지 발제한다. 계획이 잡히면 출근하기 전에 한두 개를 쓴다. 경기장으로 이동하는 시간이 있으니까 보통 거기 맞춰서 나간다. 나는 3시 전에 도착

하는 걸 감안하고 이동한다. 미리 가서 뭘 써야 할지 고민하는 편이다. 현장에서 긴급하게 트레이드가 나오거나 일이 터질 수도 있다. 보통은 경기장에서 7, 8개 정도의 기사를 쓴다. 경기 중 상황이 많으면 10개 넘어가기도 한다. 집에 와도 끝이 아니다. 3~4개 정도를 쓰고 새벽에 잠든다. 온라인 매체는 특히 시간 싸움이라 근무 시간의 개념이 그래서 애매하다"라고 했다. 유 기자는 "우리 회사는 야구팀이 5명인데, 보통 1~2명은 휴무다. 3명이 현장에 나간다고 해도 지방에 가게 되는 사람이 생긴다. 오전에는 보통 수도권 근무자들이 메이저리그나 그날 발생한 기사를 쓰지만, 오타니가 홈런을 치고 탈삼진 10개 넘게 잡는 것처럼 이슈가 생기면 지방 출장자도 기사를 쓴다"라고 했다. 출장도 적은 편은 아니다. 보통 두 팀 중 한 팀의 담당 기자가 가기 때문에 꼭 홈팀 경기만 가는 건 아니기 때문이다.

TIP3 AI도 할 수 없는 기자의 몫

기자에게 가장 중요한 건 취재원과의 관계다. 일반적인 기사들은 AI도 대체할 수 있지만, 깊은 내용은 유대관계가 형성됐을 때나 들을 수 있기 때문이다. 3년 차를 맞이한 유준상 기자는 "글을 쓰는 건 하면서 배울 수 있다. 다만 인간관계는 쉽지 않다. 선수나 감독과의 관계가 중요하다. 뿐만 아니라 다른 회사 선후배, 구단 직원들과의 원만한 관계를 유지하는 것이 필요하다는 것도 많이 깨달았다"라고 전했다. 손찬익 기자는 배영수 코치와 각별한 관계를 유지하고 있다. 팔꿈치 수술로 힘들어하던 그와 툭 터놓고 이야기하면서 친해졌다. 손 기자는 "'네가 마음을 잡을 수 있다면 내게 욕해도 좋다'고도 했다. 그런 배영수가 2010년 포스트시즌에서 세이브를 올릴 때는 눈물이 날 것 같았다"라고 했다. 그런 믿음이 이어지면서 배영수의 도움을 받아 특종 기사를 쓰기도 했다. 유준상 기자는 "제일 중요한 건 인간관계인 거 같다. 10개 구단에 얼마나 많은 사람들이 있나. 내가 아는 사람은 제한적이고, 매체도 많다. 지금도 어려운 부분이다. 그래도 야구는 담당구단이 있으니까 조금 나은 편이다. 취재원들에게 녹아들고 이해하는 시간이 필요하다. 비시즌에는 특히 단장들에게 전화를 많이 한다"라고 했다. AI는 5차 산업혁명의 꽃이라 불린다. 실제로 AI를 활용해 기사를 작성하고, 데스킹을 하는 매체들도 늘고 있다. 그러나 스포츠 취재 영역에선 아직 사람만이 할 수 있는 부분이 많다. 유준상 기자는 "나도 예전엔 AI가 야구 기자를 대체할 수 있겠다는 생각도 했다. '판'에 들어와서 해보니까 AI가 할 수 없는 것들이 있다. 선수나 취재원과의 관계를 AI는 대신할 수 없기 때문이다. 사회, 문화, 경제는 몰라도 정치나 스포츠 기사는 한동안 사람이 필요한 영역인 듯하다"라고 했다. 매체가 늘어나면서 경쟁이 치열해지긴 했지만, 야구 기자를 꿈꾸는 이들에겐 문이 넓어진 셈이다. 단번에 좋은 매체에서 일하긴 어려워도 '성장'할 수 있는 공간은 넓어졌다. 유준상 기자는 "매체가 다양하고 온라인 매체도 늘어나서 기회가 적진 않은 것 같다. 내가 얼마나 스텝업 하느냐가 중요한 것 같다. 사실 기계적으로만 자기 할 일만 해도 기사는 쓸 수 있다. 그러나 여러 취재원을 만나면서 폭넓은 기사를 써야 한 단계 나아갈 수 있다"라고 했다. 유준상 기자에게 현실적인 조언을 부탁했다.

"스포츠를 정말 좋아해야 한다. 야구 기자는 특히 그렇다. 그리고 거기서 끝나면 안 되고, 일로 이어갈 수 있는 열정이 필요하다. 생각보다 근무 조건이 좋진 않기 때문이다. 그리고 단순히 야구가 선수가 좋아서 응원하는 마음을 가진 채 일하는 건 곤란하다. 나도 어렸을 때는 두산 경기만 많이 봤는데, 고등학교 때부턴 다른 팀 경기도 봤다. 그래야 전체적인 판도를 알 수 있기 때문이다. 그리고 야구에 관한 공부를 해야 한다"라고 말했다.

EXTRA INNING
-기자들이 제일 많이 받는 질문들은?-

Q. 기자들에게도 외국어 능력이 필요할까.

A. 어느 정도 수준만 되면 된다. 일반 회사들이 요구하는 수준의 토익 점수나 영어 실력까지는 필요하지 않다. 대신 영어 능력이 뛰어나면 외국인 선수들과 편하게 이야기하거나 외신 기사를 빠르게 참고할 수 있어 좋은 평가를 받는다. 일본어도 마찬가지다. 최근엔 아시아쿼터 제도가 도입되면서 일본 선수들이 늘어나고 있다.

Q. 출장은 얼마나 자주 가는지.

A. 광주, 대구, 대전에 기자가 상주하는 OSEN을 제외하면 출장은 필수적이다. 보통 담당구단을 두기 때문에 두 구단 담당 기자 중 한 명을 보낸다. 물론 모든 구장에 기자를 보내진 않고, 경기 중요도나 근무자들의 상황, 다른 종목 스케줄 등에 따라 달라진다. 국제대회나 전지훈련 등을 따라가기도 한다. 지방구단 담당을 맡는 기자는 1년에 70~80일 정도, 많으면 100일 가까이 외박을 하기도 한다. 출장을 가면 보통 구단에서 지정해 주는 모텔이나 비즈니스 호텔을 이용한다. 회사에서 지급하는 출장비가 넉넉한 편은 아니기 때문이다.

Q. 담당구단은 어떻게 정하나.

A. 야구 기자 지망생들은 한 팀의 팬인 경우가 많다. 그러나 내가 좋아하는 구단 담당을 맡고 싶다고 할 수 있는 건 아니다. 필자도 2008년 처음 기자가 됐을 때 좋아했던 구단의 라이벌 구단 담당기자가 됐다. 해당 구단을 맡았던 선배가 퇴사하면서 물려받았기 때문이다. 사실 기자가 되면 팬이었던 구단에 대한 좋은 감정은 약해진다. 중립적인 위치를 지켜야 하기 때문이기도 하다. 자연스럽게 담당구단의 선수나 스태프, 직원과 친해진다. 물론 담당팀이 잘 한다고 해서 월급이 오르는 건 아니니까 굉장히 좋은 일은 아니다. 오히려 일이 많다고 힘들어하는 기자도 있다. 그래도 구단 분위기가 좋으니까 취재하기도 편하고, 취재원들과 만남도 편해진다. 담당기자만의 특권인 '우승 기사'를 쓰는 것도 나름 기분 좋은 일이다. 필자의 경우 2022년(SSG), 2023년(LG), 2024년(KIA)까지 3년 연속 우승 팀 담당을 맡았다. 포스트시즌 기간에는 좀 힘들었지만 내심 뿌듯했고, 모 구단 단장으로부터 '내년에도 맡아달라'는 기분 좋은 말도 들었다.

Q. 술을 잘 먹어야 한다고 하던데.

A. 기자 지망생들이 정말 많이 하는 질문이다. 물론 잘 먹으면 좋다. 예전에는 특히 선수단과 자리를 가지게 되면 술을 못 먹는 기자를 괴롭히기도 했다. 하지만 술을 마시지 않는다고 기자가 될 수 없는 건 아니다. 필자도 그다지 술을 즐기는 편은 아니다. 점점 술자리에 대처하는 요령이 생긴다. 술을 마시지 않는다고 해서 강권하거나 불편해하는 경우도 별로 없다.

Q. 선수들과 친해질 수 있나.

A. 과거에는 미디어 숫자가 적고, 구단도 지금보다 적었기 때문에 꽤 친밀한 관계를 유지했다. 담당기자가 되면 아예 구단 선수단 전체 연락처를 건네주기도 했다. 경기 전 더그아웃에서도 편

하게 사담을 나누기도 했다. 최근엔 기자 수가 늘고, 선수들도 많아져서 그런 친밀한 관계를 만들기 어려워졌다. 굳이 따지자면 선수들이 미디어를 꺼려하는 경우도 늘었다. 굳이 기사가 나지 않더라도 팬들과 만날 수 있는 접점이 늘어났기 때문이기도 하다. 물론 여전히 인간적으로 친해지는 관계도 있다. 선수와 기자 성격에 따라 다르다. 필자도 사적으로 친한 선수들이 많지만 연락하며 지내는 선수도 있다. 케이스 바이 케이스다.

Q. 조회수가 많으면 연봉이 올라가나.

A 가장 많이 받는 오해다. 회사마다 시스템이 다르지만 조회수가 많다고 많은 돈을 받는 건 아니다. 대신 회사에서 좋은 고과를 받을 순 있다. 다만 그 차이가 아주 크진 않다. 그러나 회사에서 조회수가 적을 경우 압박을 하는 사례는 흔히 볼 수 있다. 특히 온라인 매체들은 포털사이트나 홈페이지 클릭 수에 따라 수익을 얻기 때문에 더욱 그러하다. 스포츠지나 종합지는 상대적으로 덜한 편이다. 하지만 현장에서 발로 뛰는 기자들은 아무래도 그런 기사를 쓰지 않는 편이다. 취재원들을 직접 만나지 않는 매체가 더욱 자극적인 제목을 달거나 '어그로' 섞인 기사를 많이 쓴다. 다만 기본적으로 자신의 기사가 더 많이 읽히길 바라는 게 기자의 마음이다. 그런 의욕이 앞서서 문제가 생기는 경우가 있다. 반면에 '기레기'나 '찌라시' 같은 표현에 괴로워하는 기자도 있고, 신경 쓰지 않고 자기 할 일만 하는 기자도 있다.

PRESS ROOM

야구 기자는

분명 매력적인 직업이다. 일반인들이 쉽게 경험할 수 없는 것들을 보고, 듣고, 느낄 수 있다. 그만큼 고충도 있다. 첫 번째는 근무 강도다. OSEN과 같은 온라인 매체 기자의 경우 보통 5~10개 정도를 쓴다. 경기가 끝나도 바로 퇴근하지는 않는다. 매체마다 조금씩 환경이 다르긴 하지만 경기 뒤 수훈 선수나 감독의 이야기를 듣고(시간이 없을 때는 구단 홍보팀 직원이 전달해준다). 기록지를 확인하고, 기사를 마무리하는 데 보통 20분~한 시간이 걸린다. 8시간 정도는 야구장에 머무는 셈이다. 야구장에 없을 때도 일을 하지 않는 건 아니다. 다음 날 아침에 쓸 기삿거리를 위해 밤늦게 취재원들과 통화를 하기도 한다. 출근 시간에 홈페이지와 포털사이트에 노출되도록 미리 기사를 써놓는다. 스포츠 전문지는 보통 두 팀 담당 중 1명이 야구장으로 간다. 수도권은 오후에 출근해 밤에 퇴근할 수 있지만 지방이라면 2박3일 또는 3박4일 출장을 가야 한다. 나중에 발생한 대휴를 쓰기도 하지만 시즌 중에는 쉽지 않다. 인터넷 매체 OSEN의 경우 일주일에 5.5일 정도 근무를 하지만 따로 쉬는 날은 없다. 일주일 평균 800~2,000자 길이의 기사를 60~100개 정도 쓴다. OSEN 손찬익 기자는 "친구나 지인들의 결혼식 같은 경조사나 동창회를 가지 못할 때가 많아요. 가끔은 주변 사람들과 소원해진다는 느낌도 듭니다. 물론 일을 통해서 재미와 보람을 찾기 때문에 버팁니다"라고 했다. 야구장에 가지 않는 인원 중 일부는 신문사로 출근해 그날 만들어지는 신문의 편집 과정에 참여한다. 회의에 참석하기도 하고, 사진 설명이나 신문대장(신문지에 인쇄되기 전 편집된 기사면을 종이에 인쇄한 것)을 확인하며 오타나 잘못된 부분을 수정하기도 한다. 남들이 퇴근하는 저녁 시간에 날은 일주일에 하루 이틀 정도다. 선수들만큼은 아니지만 체력적으로나 정신적으로나 피로한 일정이다. 배영은 중앙일보 기자는 "여성 기자들은 특히 남자들보다 체력이 약해서 시즌 막바지가 되면 진짜 힘들어한다. 평소 체력이나 자기 관리를 충실히 해야 한다"라고 말했다. 두 번째는 보수가 많지 않다는 점이다. 종합지나 통신사의 경우 대기업 대졸 사원 수준의 초봉을 받을 수 있다. 하지만 앞서도 말했듯 입사가 쉽지 않다. 스포츠 전문지는 과거에 비해 급여가 줄어들었다. 초봉은 3,000만 원대 중후반에 머물고 있다. 판매 호황기에 100만 부를 넘던 스포츠 신문의 판매 부수는 10분의 1 이하로 줄어들면서 경영 상태가 악화됐다. 예전과 달리 포털 서비스를 통해 무료로 기사를 볼 수 있는 것도 악재다. 인터넷 매체도 수익성이 좋은 편은 아니라 대부분 종이 신문에 비해 적은 급여를 받는다. 일간지들은 훨씬 좋은 조건이지만 중소기업보다 조금 나은 정도다. 방송사 기자가 아닌 바에야 만족스러운 대우를 받기 어렵다. 유준상 기자는 "그래서 이 일은 정말 좋아하지 않으면 못 한다. 그러지 않으면 그만둘 수밖에 없다. 사실 시작하기 전에 '선배들이 이 일을 추천하지 않는다'라고 했는데 이해하게 됐다"라고 털어놓았다. 그래도 최근엔 이직을 통해 여건이 좋은 회사로 옮기는 경우가 흔하다. 일반적으로 인터넷 매체에서 스포츠지로 스카웃되는 경우가 많다. 그러다 더 좋은 조건의 종합일간지나 방송사로 옮기기도 한다. 필자도 2008년 잡지(스포츠 2.0)에서 일을 시작해 2009년 스포츠지(일간스포츠)에 입사했다. 2014년엔 같은 계열사였던 일간지 중앙일보에서 파견 근무를 했다. 2023년엔 일간스포츠가 KG그룹으로 매각되면서 중앙일보 소속으로 편입됐다. 이런 과정에선 업계의 평판이 중요하다. 좋은 기사를 쓰고, 다양한 취재원들을 많이 확보해야 좋은 평가를 받을 수 있다. 여성 기자들만의 어려움도 있다. 야구 현장은 남자의 비율이 높다. 최근에는 여성의 비율이 높아진 편이다. 10년 전만 해도 야구를 취재하는 여성이 2~3명에 불과했지만 지금은 보통 회사당 1~2명은 있다. 이들은 오해와 편견을 피하기 위해 노력한다. 배영은 팀장은 "야구보다 선수에 관심 있느냐'라는 이야기도 듣고, '여자라서' 선수들이 남성 기자들보다 더 친절하게 이야기를 잘해준다고 보는 사람들도 있다. 하지만 결국 취재원과 취재 기자다. 사실 활동폭도 남자들보다 좁다. 어떤 구장은 더그아웃에서 라커 룸이 보이는 구조라 여자 기자들은 저쪽으로 가달라고 하는 부탁을 하기도 한다. 그런 불편함을 이겨내야 한다"라고 말했다. 여성 기자들은 '노출이 있는 옷을 삼가는' 것과 같은 일종의 드레스 코드 불문율도 있다고 한다. 야구 기자들은 점점 평균연령이 낮아지고 있다. 미국이나 일본과 같이 베테랑기자들을 현장에서 보기 어렵다. 배영은 기자는 "사실 나이가 들어서는 하기 힘든 일이다. 체력적으로도 그렇고, 현장의 선수들과 나이 차도 커진다. 기자라는 직업 자체도 위로 올라갈수록 자리가 없고. 수명이 길지 않다"라고 말했다. 자기발전을 꾀할 시간과 여유가 없는 점도 그러한 고민을 부채질한다. 야구전문기자를 꿈꾼다면 매체를 가리지 않고 문을 두드리길 권한다. 인터넷 매체에서 일을 하다 스포츠 전문지로 옮기는 사례가 많기 때문이다. 온라인 매체에서는 수시로 인원을 채용하기 때문에 취업의 문은 생각보다 좁지 않다. 블로그나 팬 페이지, 커뮤니티 활동을 통해 경험을 쌓는 것도 큰 도움이 된다. 필자의 경우 당시 입사하고 싶었던 스포츠지 3개를 사 보면서 감상평을 커뮤니티에 올렸다. 자연스럽게 기사체의 글을 만들면서 기자가 되겠다는 꿈을 더 강하게 키울 수 있었다.

배영은 팀장은 신문 기사를 찾아서 읽어보고 따라 쓰기를 추천했다. 배 팀장은 "많이 읽다 보면 거기서 취할 건 취하고 버릴 건 버리는 훈련을 할 수 있다. 특히 본인이 원하는 매체 기사를 특히 집중적으로 보면서 책을 필사하듯이 따라 쓰면 좋다. 취재 내용도 중요하지만 어떻게 전달하느냐는 글에 달려있다"라고 했다. 손찬익 기자는 신문 독자투고란에 자신의 생각을 담아 보냈다. "짧은 글이지만 내 글이 인정받는 느낌을 받았다. 소정의 원고료도 받을 수 있고, 잘 되지 않아 힘이 들 때 신문에 실린 글을 인쇄해서 보면서 '다시 한번 힘을 내자'고 결심했다"라고 했다. 기자의 장점은 많은 사람들을 만나볼 수 있다는 것이다. 일간지나 방송사 소속이라면 다른 부서에서 일을 하면서 제2의 길을 찾을 수 있다. 기자로서의 경력을 살려 다른 야구 관련 직종을 찾기도 한다. 야구단에 입사하거나 에이전트, 해설위원으로 변신하는 사례를 흔하게 찾을 수 있다.

SCOUTING REPORT

급여 수준	★★★★☆☆☆☆	언론사에 따라 천차만별이다. 그러나 대체로 중소기업 연봉 수준이다.	**40**
취업 난이도	★★★★★☆☆☆	종이신문의 신규 인력 충원은 줄고 있다. 하지만 인터넷 매체 숫자가 늘고 있다. 기자 숫자는 과거보다 늘었다.	**50**
향후 전망	★★★★☆☆☆☆	유감스럽게도 밝은 편은 아니다. 종이신문은 사양산업이고, 인터넷 매체도 안정성이 떨어진다.	**40**
업무 강도	★★★★★★★☆	프로야구는 일주일에 여섯 경기를 하는데 대개 경기장에서 7~8시간을 보낸다. 기사는 사무실이나 집에서도 쓴다. 지방 출장도 잦다. 겨울에도 기사는 써야 한다.	**70**
업무 만족도	★★★★★★★★☆	어떤 기사를 쓰느냐에 따라 만족도는 달라질 수밖에 없다. 하지만 대체로 높은 편이다.	**65**

야구에서 사용하는 20-80 스케일을 기준으로 점수를 평가하였습니다.

방송국 PD

12

BROADCASTING PRODUCER

업무 개요

야구 경기 중계 및 하이라이트 프로그램 제작

급여 수준

4,000만 원대 중반
(스포츠전문 채널 대졸사원 초봉 기준)

채용 방식

수시 채용

우대 경력

스포츠 관련 업무, 영어

야구 기자와 마찬가지로 야구 PD란 직업은 없다. 스포츠 PD도 회사에서 중계하는 여러 종목 중 야구를 맡게 되기 때문이다. 하지만 야구와 축구가 방송사에서 가장 중요한 종목인 만큼 야구를 전문적으로 제작하는 프로듀서들을 '야구 PD'라고는 부를 수 있다. 프로야구 시즌 때는 주로 야구를 맡다가, 올림픽이나 월드컵, 아시안게임과 같은 빅 이벤트가 열리거나 비시즌일 때는 다른 종목 중계도 맡는다. 사실 가장 중요한 요소는 내가 속한 회사의 중계권 확보 여부에 달려 있다. MBC 스포츠 플러스는 프로야구는 물론 메이저리그(MLB) 중계권을 가졌기 때문에 야구 제작 파트 인원이 많았다. 하지만 SPOTV를 보유한 에이클라미디어그룹이 직접 MLB 중계를 맡으면서 야구 쪽 인력을 줄이거나 다른 업무로 돌렸다. JTBC 골프&스포츠처럼 야구 중계권이 없는 회사는 축구나 다른 종목에 집중하게 된다. 스포츠 전문 PD가 되는 방법은 크게 두 가지다. 지상파 방송에서 스포츠 업무를 맡거나, 스포츠 전문 케이블 방송에 들어가는 것이다. 지상파 방송에서 야구를 중계하는 PD가 되는 건 어려운 일이다. 예능이나 드라마, 교양과 달리 스포츠 PD 공채가 매년 이뤄지지 않기 때문이다. 월드컵이나 올림픽 같은 메가 이벤트가 있을 때는 그나마 문이 넓어지기도 한다. 하지만 스포츠를 맡다가 다른 부서로 가는 경우도 간혹 생긴다. 실제로 최근 지상파 방송사들이 스포츠 중계 수익이 줄어들자 부서를 합병하거나 인력을 재배치하는 사례가 많아졌다. 반대로 JTBC는 2026~2032년 동·하계 올림픽과 2026, 2030년 월드컵 중계권을 획득하면서 인력을 늘렸다. 연봉이나 처우는 좋은 편이다. 대신 스포츠 PD의 가장 큰 업무인 '중계' 업무에 참여하는 횟수는 스포츠 전문 방송에 비해 적다. 최근에는 직접 제작 대신 자회사인 케이블 채널 인력을 활용한 제작도 일반화됐다. 이를테면 SBS가 SBS SPORTS PD와 해설가, 아나운서를 활용해 제작을 한 뒤 송출만 지상파로 하는 식이다. 통상적으로 '야구 PD'가 되고 싶다면 중계권사인 지상파 3사의 자회사인 SBS 스포츠, MBC 스포츠 플러스, KBS N 스포츠에 입사하거나 에이클라미디어그룹에 들어가는 게 현실적이다. 스포츠 전문 채널도 입사 경쟁률이 치열하다. 매년 100~300대 1의 경쟁률을 기록하지만 현업에 종사하고 있는 이들은 100명 남짓이다. 최근엔 종합편성채널도 생기고, 온라인 중계가 늘어나면서 3사만 있던 시절보다 채용인원이 늘어났지만 여전히 경쟁률은 치열하다. 새로운 스포츠 채널들도 생겨났고, OTT(Over-the-top media service, 온라인 동영상서비스업체)도 스포츠 중계에 참여하고 있기 때문이다. 특히 OTT는 최근 굵직한 중계권들을 확보하면서 기존 방송사들을 위협하고 있다. 매일 경기가 열리는 프로야구는 일종의 '드라마' 같은 성격을 지닌다. 경기 중계를 넘어 서사를 담는 중계를 추구하기 때문이다. 팬들도 단순한 경기 상황 전달 이상으로 '재미'와 '감동'이 담긴 중계를 선호하는 편이다. 그래서 PD들도 프로야구 이슈에 민감해야 하고, 이를 감각적으로 연출하는 기술이 필요하다. 축구의 경우 외주 회사들도 많지만, 야구는 콘텐츠 직접 제작 비중이 높다. 야구 PD들은 총괄 담당을 하는 메인 PD와 '서브'라고 부르는 진행 PD로 나눈다. 중계 방송의 경우 메인 PD 1명, 진행 PD들 2~3명으로 진행된다. 서브 PD들은 경기 전 자료조사를 통해 포인트를 잡는 것으로 업무를 시작한다. 중계방송이 진행될 때는 메인 PD의 지시에 따른다. 하이라이트와 엔딩, 예고편 제작 등도 서브 PD들의 몫이다. 중계방송에 들어가는 음악이나 그래픽, 협찬사, 자료화면을 준비하거나 느린 그림을 내보내고, 국제대회의 경우 외국인 선수들의 이름을 찬찬히 대조해 한글로 정확하게 표기하는 것 등의 업무를 한다. 보통 6~7년 정도 경력이 쌓이면 전체적인 중계방송 틀을 잡는 감독 역할을 하는 메인 PD가 된다.

메인 PD는 현장 중계의 꽃이다. 중계방송의 시청률이 가장 높고 관심도도 크기 때문이다. 케이블사들이 앞다퉈 뛰어난 해설위원을 영입하고, 고급 장비들을 도입해 화려한 영상을 만드는 것도 그래서다. 중계를 맡는 PD들은 생방송을 실수 없이 진행하면서 조금이라도 더 좋은 화면을 보여주는 데 집중하고 있다. 최근에는 프리뷰와 리뷰, 매거진 프로그램의 비중도 커졌다. 이 프로그램 역시 중계방송 못잖게 많은 인력과 시간이 투입되며 메인 PD와 여러 명의 서브 PD들이 달라붙는다. 방송 시간은 중계보다 짧지만 근무 시간이나 강도는 중계 못잖다. 회사마다 다르긴 하지만 그래도 최근엔 환경이 좋아져서 어느 정도 업무 외적인 시간을 낼 수 있게 됐다. 입사 과정은 일반 PD와 같다. 서류 전형, 인적성, 다단계 면접을 거친다. 최근에는 학력이나 학점은 거의 보지 않고, 아이디어나 창의적인 면을 높게 평가하는 추세다. 아직 방송사의 경우 경력보다는 신입을 더 많이 뽑는 경향이 강하다.

김보년

야구의 스토리를 만들어내는 연출가

김보년은 경영학도였다. 군복무를 마치고 복학한 뒤에야 자신의 진로를 야구로 잡았다. 남들보다 출발은 늦었지만 제작 경험을 쌓았고, 경력직으로 스포츠 채널 PD가 됐다. 야구 PD는 드라마 PD와도 비슷하다. 단순히 경기 중계 화면을 전달하는 데 그치지 않고 그 속에 서사와 스토리를 담기 때문이다. 김보년은 "스포츠 중계는 그때그때 이야기를 만들어 나갈 수 있는 능력이 필요하다"라고 했다.

TIP! 신방과 안 나와도 PD 될 수 있다

김보년 SBS SPORTS PD는 경영학도였다. 00학번인 그는 스포츠를 좋아했다. 특히 2001년 메이저리그 월드시리즈를 보면서 야구의 매력에 완전히 빠져버렸다. 대학 입학 이후 사회인 야구를 즐기던 그가 야구 관련 직업을 가져야겠다고 결심한 것도 그즈음이었다. 김 PD는 "군복무를 마치고 복학한 뒤에 들어간 야구팀에 이성훈 SBS 기자가 있었다. 좋아하는 야구계에서 일한다는 게 멋져 보였다. 그전까지는 야구를 업으로 삼아야겠다는 생각을 한 적이 없었다. 성훈이 형을 보면서 기자가 되고 싶다는 생각을 했는데, 중계방송 PD에 관한 이야기도 해줬다. 그때부터 PD가 되어야겠다고 결심했다. 22살 때였다"라고 했다. 요즘엔 PD를 채용하는 곳이 지상파 외에도 종편, 케이블채널(이하 케이블), DMB, 라디오전문채널, 외주제작사, 인터넷 포털 등 다양하다. 하지만 2000년대 후반엔 지상파와 케이블뿐이었다. 그것도 공채가 나왔을 때만 입사할 수 있었다. 당시엔 단기 방송아카데미를 다니면서 PD로서 필요한 소양을 익히면서 입사 시험을 준비하거나, 외주제작사에서 경험을 쌓으면서 경력을 쌓는 게 현실적인 방법이었다. 김보년 PD는 "신문방송학과나 스포츠 관련 전공이 아니었기 때문에 조금 늦게 시작하고 정보도 없었다. 다행히 외주 제작사에 들어갔다. KBS 아침 프로그램 제작에 투입됐는데 그 때 인연으로 스키 하프파이프팀을 만났다. 대표 팀이 2010년 밴쿠버 동계올림픽 출전에 도전하고 있었고, 혼자 따라다니면서 다큐멘터리로 제작했다. 제작비만 약 5,000만 원을 들였다. 젊은 혈기로 부딪혔는데 잘 되진 않았지만 그 작업을 하면서 행복했다. 그 선수들은 돈을 벌기 위해서가 아니라 꿈을 좇았다. 나도 꿈을 놓지 말고 내가 하고 싶은 야구 중계에 도전해 보자는 생각이 강해졌다"라고 말했다. 그렇게 경험을 쌓은 김 PD는 2011년 SBS 스포츠 경력직 채용에 응시해 합격했다. 10년 동안 그려왔던 꿈을 마침내 이루는 순간이었다. 김 PD는 "자기소개서에 그동안 내가 준비했던 과정을 담았는데 회사에서 좋게 봤다. 나는 촬영이나 편집 등 혼자 다 할 수 있는 능력이 있었기 때문에 합격할 수 있었다. 다큐멘터리 제작 경험을 면접 때 질문받기도 했다"라고 했다. 입사 이후 곧바로 야구 중계에 투입된 건 아니었다. 여러 가지 종목 중계나 다큐멘터리 제작 등에 참여했다. 김 PD는 "처음엔 영상 편집 작업을 많이 했다. 베이스볼S와 같은 매거진 프로그램도 참여했고, 올림픽 같은 대회가 있으면 미니 다큐멘터리를 만들었다. 그렇게 2~3년 정도를 보냈는데 면담할 때마다 '뭐 하고 싶냐'라고 물으면 '야구 중계를 하고 싶다'라고 답했다. 그러다 정말 야구 중계 PD가 됐다"라고 웃었다. 김 PD는 "입사 전에 영상 편집을 어느 정도는 할 줄 알아야 한다. 막내 PD들이 보통 처음 하는 일이 30초짜리 예고 제작이다. 시간을 적게 들이고 잘 만들면 회사 내부 구성원들의 좋은 평가를 받을 수 있다. 그러면 아무래도 좋은 기회가 생긴다"라고 전했다.

<u>TIP2</u> PD는 야구 감독 같다

야구 중계팀은 경기 전에도 꽤 많은 준비를 한다. 선발투수나 주요 기록,

선수의 히스토리, 과거 경기 자료 등을 조사해서 방송에 쓸 수 있게 그래픽으로 준비하거나 머리속에 넣어둔다. 많이 준비해 두면 그때그때 빠르게 사용할 수 있기 때문이다. 보통 한 회사에는 2~3개 중계팀이 있기 때문에 매일 야구장에 가진 않는다. 3연전이나 2연전이 지방에서 열리면 한 팀이 출장을 가서 쭉 맡고, 수도권 경기는 출퇴근하는 시스템이다. 김보년 PD는 "지방 경기를 예로 들면 첫날은 기차로 일찍 이동해서 경기 3시간 전쯤에 야구장에 간다. 기술팀과 중계차는 그보다 한 시간 더 빨리 가서 설치물과 통신망 테스트를 하고, 중계팀은 그걸 다시 확인한다. 카메라가 잘 작동되는지, 색감이 맞는지를 체크하고 더그아웃에서 중계에 어떤 것들이 들어가면 좋을지 기자들처럼 취재를 한다. 경기 시작 2시간 전에 식사를 하고 마지막으로 점검을 한다. 중계 30분 전부터는 중계차에서 스탠바이한다"라고 설명했다. 보통 야구 중계엔 3명의 PD가 투입된다. 메인 PD는 촬영 감독, 해설 및 아나운서와 수시로 소통한다. 지휘자나 감독처럼 전체적인 지시를 내리고 10~13대의 카메라가 찍는 화면 중 어느 것을 방송으로 송출할지 그때그때 결정한다. 서브 PD 2명은 LSM(Live Slow Motion)과 화면 구성을 보조하는 역할을 맡는다. LSM 담당은 저장된 중계 화면을 재빠르게 편집해서 다음 타석 때 플래시백으로 보여준다거나 중요한 장면을 다시 보여줄 수 있게 한다. 경기가 끝날 때까지는 긴장 상태가 이어진다. 김보년 PD는 "경기 중에는 화장실 가기도 힘들다. 긴장의 연속이다. 나는 생리적인 현상을 잘 참는 편이다. 나보다 더 잘 참는 사람도 봤다. 이승엽 감독이 해설위원일 땐 연장전에 가도 한 번을 안 가시더라"며 웃었다. 메인 PD는 무엇보다 전체 스태프를 끌고

가야 하는 자리라 리더십과 조직력이 중요하다. 김보년 PD는 "개인 능력도 우수해야겠지만 팀워크가 중요하다. 순간순간 일어나는 상황을 말로 설명하고 진행하면 늦어지기 때문에 간단한 제스처만으로도 소통할 수 있어야 한다. 야구로 따지면 키스톤 콤비 같다. 같은 타구라도 유격수와 2루수의 호흡에 따라 아웃이 되느냐, 되지 않느냐가 결정된다. 방송도 마찬가지다"라고 말했다. 또 "해설진과도 경기 중에 계속 소통한다. 광고 시간 같은 짧은 틈에도 실시간으로 정보를 주고받는다. 관중석에 잡힌 인물이 선수의 지인인지 확인해서 자연스럽게 녹이기도 하고, 해설 스타일에 맞게 카메라 구도를 조금씩 조정하기도 한다. 그런 유기적인 협업이 '좋은 중계'의 핵심이라고 생각한다"라고 했다.

TIP3 단순한 화면 아닌 스토리를 담는다

스포츠는 흔히 '각본 없는 드라마'라고 한다. 특히 야구는 매일 경기가 열려 일일드라마 같은 호흡으로 소비된다. 전 경기 중계가 되면서 매일 소비되는 이야기를 소화하게 됐다. 또 예전과 달리 팀과 선수를 바라보는 팬들의 관점이 달라지고 더 심층적이다. 그런 것들을 빠르게 잡아내 중계에서 담아내는 것도 PD의 일이다. 김보년 PD는 "팬들이 궁금해하고 보고 싶은 걸 생각하면서 화면을 만들려고 한다"라며 "해설위원에 따라 중계는 완전히 달라질 수 있다. 개인적으로는 해설위원의 야구관과 개성을 살리려고 하는 편이다. 팩트나 설명이 틀리면 안 되지만 이를테면 '저 선수는 이렇게 하는 게 더 좋다'는 생각이 있다면 자유롭게 드러내는 게 좋다고 본다"라고 했다. 순발력과 재치도 필요하다. 2025시즌 김 PD가 가장 기억에 남는 연출은 7월 27일 부산 KIA전에서 롯데 전준우가 타격한 뒤 담장 광고 화면을 보여준 장면이다. 전준우가 역전 적시타를 때리며 승리를 이끌자 '힘 좋고 오래 가는 건전지'란 담장 광고판의 일부를 비췄다. 김 PD는 "베테랑 전준우를 표현하기 위해 '힘 좋고 오래 가'란 메시지를 전했다. 전준우 선수도 좋아했고, 팬들 사이에서도 화제가 됐다. 스포츠 중계라고 해서 경기 상황만 전달하는 게 아니라 여러 영상을 적절하게 활용해 재미를 주려고 한다. 야구 중계는 스토리가 중요하다. 어떤 선수의 서사, 구단의 흐름을 머릿속에 항상 넣고 있어야 한다. 필요할 때 자료를 찾을 수도 있지만 자연스럽게 떠오르려면 정말 많이 보고 잘 알아야 한다. 예를 들어 10년 만에 삼성으로 돌아간 최형우를 만난다면 과거 왕조 시절 같이 뛴 선수들과의 장면을 준비하거나 오승환의 은퇴식 때 함께 했던 최형우에게 삼성 모자를 씌워준 강민호와 함께 인터뷰를 할 수도 있을 것"이라고 했다.

PRESS ROOM

스포츠 PD로

입사하기 위해선 기본적인 학력이 필요하다. 한 관계자는 "일반 회사에 비해 상대적으로 스펙을 적게 보는 편이다. 하지만 그게 좋을수록 회사에 들어와 배우고 발전하는 속도가 빠른 편이라는 공감대가 있다"라고 했다. 특히 지상파의 경우에는 학벌이나 성적에 더욱 까다로운 경향이다. 전공은 자유로운 편이다. 김보년 PD는 "신문방송이나 미디어 관련 학과로 진학하는 게 좋긴 하다. 내 경우엔 '스페인어를 공부하면 어땠을까'란 생각도 많이 했다. KBO리그엔 스페인어권 국가 선수가 많아 자유롭게 이야기할 수 있기 때문이다"라고 했다. 해외 스포츠를 맡을 수도 있기 때문에 어느 정도의 영어 능력도 필요하다. 자기소개서나 인적성 평가에선 자신의 비전을 잘 보여줘야 하기 때문에 '작가'나 '연출적 소양'을 평소에 공부해야 한다. 여러 현직자들은 역설적으로 영상이 아닌 책을 많이 읽을 것을 권했다. 비전공자가 기본적인 방송 시스템을 익히고 싶다면 방송사들이 개설한 아카데미에 가는 것도 방법이다. 편집 프로그램을 다루는 법을 배우고, 조를 짜서 단편 드라마 및 다큐 제작 등을 체험할 수 있다. 기술 과정, 카메라 과정, 제작PD 과정 등 여러 커리큘럼에 맞춰 들을 수도 있다. 물론 비용과 시간을 들이고 싶다면 가지 않아도 된다. 한 현직 PD는 "일반 회사를 다니면서 2년 정도 준비했다. 스터디 모임과 상식, 신문 읽기 등 기본적인 준비를 하면서도 충분히 경쟁력을 갖출 수 있다"라고 말했다. 만약 비전공자이고, 학업성적이나 영어 실력이 부족해 고민이라면 소규모 프로덕션에서 먼저 일을 시작하는 쪽도 방법일 수 있다. 무엇보다 PD는 기술, 카메라, 국어, 야구 규칙 등을 골고루 알아야 한다. 늘 공부하는 자세가 중요하다. PD는 자기 시간이 많지 않다. 대부분 늦은 저녁을 먹으면서 그날 방송을 평가하고 바로 다음 날 아이템 회의를 한다. 쳇바퀴같이 도는 일상의 연속이다. 하이라이트 프로그램도 마찬가지다. 방송 시간은 짧지만 경기 전부터 준비해서 경기 중에 계속해서 대본을 수정하고, 화면을 편집하기 때문이다. 연장전이라도 갔다손 치면 퇴근 시간은 12시를 넘기기 일쑤다. 특히 경력이 낮을수록 할 일이 많다. 지방 출장이 허다해 집에 못 들어가는 날이 부지기수다. 빨간날은 아예 없다고 생각하는 게 편하다. 생중계를 하기 때문에 시간 싸움을 벌이는 일도 많다. 물론 그걸 즐길 수도 있다. 김보년 PD는 "'빨간날에 퇴근해야 한다. 밤에 쉬어야 한다'라는 고정관념을 버리면 워라밸이 나쁘지 않다고 생각한다. 나는 한적한 월요일에 쉬는 것도 좋아한다. 여행을 가면 조용해서 좋다. 명절이나 경조사에 자주 빠지는 걸 빼면 만족한다"라고 웃었다. 군대식 '상명하복' 문화는 거의 사라졌지만 위계질서는 빡빡한 편이다. 급여 수준은 평범하다. 지상파 3사의 자회사인 MBC 스포츠 플러스, KBS N 스포츠, SBS 스포츠는 조금 낫지만, 나머지 회사는 중소기업 수준의 연봉을 받고 일한다. PD들 사이에서는 "하고 싶어 하는 일을 하고, 스포츠 보는 것도 급료로 계산해야 한다"라는 자조적인 이야기를 한다. 지상파 PD들은 여건이 좋지만 기회가 많지 않다. 지상파에서 스포츠의 영역은 매우 좁기 때문이다. 올림픽, 월드컵 등 큰 대회가 아니면 자신의 역량을 발휘하기가 어렵고 중계보다는 다큐나 특별 프로그램 등을 더 많이 만든다. 게다가 지상파는 신입 공채를 축소하는 추세이고, 경비 절감과 인력 계획을 이유로 비정규직 PD를 뽑거나 외주 제작 비율을 늘리고 있다. KBO는 메이저리그처럼 향후엔 영상을 직접 제작하는 시스템으로 바꾸려는 장기 계획을 세우고 있다. 때문에 나중엔 스포츠 채널이 아닌 곳에서 일하더라도 야구 PD가 될 수 있는 길이 생길 확률이 있다. 하지만 10년 안에 변화가 생기긴 어려울 것이다. 그래서 현실적으로 야구 PD로서 활동할 수 있는 가장 좋은 곳은 스포츠 전문 채널에 들어가는 게 유일하다. 다행히 공채를 뽑는 횟수가 적지 않은 편이고, 현장 스태프 출신으로 경력을 인정받아 PD로 변신하는 사례도 흔하다. 무엇보다 새롭게 일을 시작하는 이들에겐 기회의 문이 많이 열려 있다. 야구 인기가 높아져 야구 PD에 대한 수요도 유지되고 있으며 신입을 꾸준히 충원하는 흐름이다. 좋은 PD가 되느냐, 못 되느냐의 성패는 '감각'에 있다. 스포츠 채널의 시청률과 평가는 사실 큰 차이가 없다. 어떤 종목을 중계하느냐가 시청률에 가장 큰 영향을 끼치지 '누가', '어떻게' 하느냐는 큰 영향을 미치지 않기 때문이다. 사실 방송사들의 운영 방식이나 수익, 시청률 등은 큰 차이가 없다. 방송에서 보여줄 수 있는 것들을 능동적으로 찾아야 한다. 뒤집어 말하면 완전히 새로운 아이템을 보여줄 수 있는 비전, 아이디어를 가진 사람을 방송사들이 원한다. 이를테면 '아이러브베이스볼'이 나온 뒤 KBS N 스포츠는 떨어져 있던 시청률을 크게 끌어올림과 동시에 새로운 광고 수입을 만들어냈다. 이후 다른 방송사들도 비슷한 포맷의 프로그램을 만든 것만 봐도 잘 알 수 있다. '야구가 좋다', '스포츠가 좋다'는 식의 천편일률적인 자기소개서 대신 '이런 프로그램을 만들고 싶다'는 기획을 제출한다면 단번에 눈길을 끌 수 있을 것이다. 경영자적인 마인드도 필요하다. 김보년 PD도 그래서 입사 이후 MBA 과정을 밟았다. 해설위원 영입 및 관리도 PD들에게 중요한 업무다. 선수들과 평소에도 친분을 잘 만들어놓았다가 은퇴할 때 제안을 한다. 아무래도 인간관계가 중요하기 때문에 미래 해설위원을 영입하기 위한 PD의 노력이 필요하다.

SCOUTING REPORT

급여 수준	★★★★★☆☆☆ 지상파는 대기업, 스포츠 전문 채널은 중소기업 수준	**50**
취업 난이도	★★★★★★☆☆ 매년 어느 정도의 채용인원이 유지되고 있다	**60**
향후 전망	★★★★★★☆☆ 스포츠 방송, 특히 야구 시장은 점점 커지고 있다	**60**
업무 강도	★★★★★★★☆ 취업 준비생 시절이 그리워질 정도의 근무시간	**70**
업무 만족도	★★★★★★★☆ 자신만의 색깔을 담는 프로그램을 만드는 자부심	**70**

야구에서 사용하는 20-80 스케일을 기준으로 점수를 평가하였습니다.

스포츠 아나운서

13

/ 목소리로 야구의 감동을 전하는 메신저 /

SPORTS ANNOUNCER

중계를 통해 시청자들에게 정보를 전달하는 일

연 3,000만 원대 후반(스포츠 채널 정직원 기준)

수시 채용(스포츠 케이블 기준)

방송 관련 경험

　야구팬들에게 선수 목소리보다 더 친숙한 목소리는 스포츠 아나운서의 목소리다. 화면을 통해서 선수들의 모습을 지켜보지만 경기 상황은 아나운서들의 목소리를 통해 듣기 때문이다. 프로야구 전 경기 중계가 시행되고, 구단이 늘어나고, 경기 수가 늘어나면서 시청자들과 아나운서 사이의 거리는 더욱 가까워졌다. 최근에는 중계방송 외에도 프리뷰 및 리뷰 프로그램, 기획물 등의 제작에도 참여하고 있다. 스포츠 아나운서는 일반적인 아나운서들과는 하는 일이 완전히 다르다. 가장 큰 업무는 중계 캐스터다. 3~4시간 동안 벌어지는 중계를 맡아 해설위원과 함께 경기 상황을 설명한다. 캐스터에게 가장 중요한 건 목소리다. 듣기 좋은 목소리는 아니더라도 시청자들에게 편안하게 전달할 수 있는 목소리 톤이 필요하다. 이 부분은 어느 정도 타고난 것이지만 노력을 통해 바꿀 수도 있다. 캐스터가 되기 위해선 지식도 필요하다. 정우영 SBS SPORTS 아나운서는 야구 관련 책을 번역하기도 했다. 캐스터는 경기장에서 벌어진 상황을 설명하고, 시청자들이 이해할 수 있도록 해설위원에게 적절한 질문을 던져야 한다. 중요한 건 지식의 범주는 야구, 스포츠에 국한되지 말아야 한다는 점이다. 경기 시간이 길어지면 야구 외적인 것들에 관해 이야기하는 상황도 자주 일어나기 때문이다. 그래서 아나운서들이 후배들에게 가장 권하는 조언은 다양한 책을 읽는 것이다. 리포팅 역시 아나운서들의 몫이다. 경기 뒤 수훈선수 인터뷰 질문은 PD나 작가가 질문을 준비해 주는 것이 아니라 아나운서가 직접 준비한다. 급박하게 돌아가는 상황에 대처해야 하는 순발력이나 경기의 맥을 짚는 눈이 필요하다. 진행능력도 있어야 한다. 중계방송이 아닌 매거진, 리뷰 프로그램을 진행도 아나운서들이 해야 할 일이기 때문이다. 건강한 목 관리를 하는 것도 아나운서의 필수 덕목이다. 야구 중계를 맡기 위한 가장 빠른 길은 스포츠 전문 채널에 입사하는 것이다. 최근에는 스포츠 케이블 출신 아나운서들이 지상파 중계까지 맡을 만큼 전문성을 인정받고 있다. 스포츠 채널에 들어가는 게 쉽지는 않다. 매년 공채가 이뤄지는 것이 아니기 때문이다. 여자 아나운서들은 1년에 1번 인원을 뽑지만, 남자 아나운서는 2~3년에 1번 정도다. 최근엔 신입보다 경력직을 더 많이 뽑는 추세다. 들어가더라도 곧바로 야구 아나운서를 맡기는 힘들다. 프로 종목 중 가장 경기 수가 많고 시즌이 길기 때문에 회사들은 간판급, 또는 실력이 있는 아나운서들을 주로 야구에 배치하기 때문이다. 그만큼 새 얼굴이 나타나기도 어렵다. 다른 종목들을 맡으면서 경력을 쌓아야 야구 중계에 참여할 수 있다. 비정규직으로 일을 시작하는 사례도 늘고 있다. 인터넷 중계에 참여하거나 계약직으로 스포츠 전문 채널에 들어가는 것이다. 예전에는 비인기 종목들은 아예 중계가 이뤄지지 않았으나 최근에는 동영상 채널을 활용한 자체 중계가 일반화됐다. 그런 중계를 하면서 경험을 쌓고 능력을 인정받으면서 이른바 메이저 종목 중계를 맡는 사례가 흔해졌다.

이동근

있는 듯 없는 듯 듣기 편한
목소리를 만들어야

이동근은 아나운서는 말 그대로 밑바닥부터 시작해 야구 캐스터가 됐다. 인터넷 중계로 시작해 더빙 아나운서를 거쳐 SBS 스포츠에 입사했다. 야구뿐 아니라 배구를 비롯한 여러 종목을 맡고 있고, 최근엔 예능 프로그램도 출연 중이다. 아나운서는 타고난 재능도 있어야 하지만 노력도 수반된다. 경기 중 수많은 상황을 설명하기 위한 준비가 필요하다. 물론 가장 중요한 건 목소리다. 목 관리는 기본이고, 편안하면서도 귀에 쏙 들어오는 목소리 톤을 만들어야 한다.

TIP! 아나운서 아카데미, 필수에 가깝다

1981년생인 이동근 아나운서의 학생 시절 꿈은 기자와 PD였다. 그래서 신문방송학과(단국대 01학번)에 입학했다. 학창 시절 그는 학사 경고도 받았고, 공부 외에도 관심이 많았다. 남들 앞에 나서는 성격도 아니었다. 학교 과제를 할 때도 발표를 하기보다는 뒤에서 자료를 준비하는 스타일이었다. 그런데 친구들이 "목소리가 좋으니 아나운서를 준비해보라"라는 조언을 하면서 생각이 바뀌었다. "내 목소리가 굵은 건 알았지만 그전까지는 아나운서에 대해 생각해 보지 못했다. 군대를 다녀온 뒤 2007년에 KBS N 산하 방송아카데미에 다녔다. 당시 강사 중 한 분이 강준형 선배(KBS N 스포츠 아나운서팀장)였다. 내 목소리를 듣더니 꼭 아나운서가 되라고 조언을 해서 자신감을 얻었다"라고 말했다. 아나운서 지망생들이 학원에 가게 되면 기초 훈련부터 한다. 이동근 아나운서는 "걸음마 단계부터 배운다. '가갸거겨'부터 다시 읽었다. 강준형 선배처럼 스포츠에 특화된 사람이 있으면 도움이 되지만 중계와 직결된 교육은 많지 않다. 준형 선배는 스포츠에 특화된 사람이니까 개인적으로는 도움이 됐다. 스포츠 중계를 하려면 뉴스 연습을 많이 해야 한다. 대신 스포츠 중계는 일반 뉴스와 다르게 더 파워풀하고, 강약 조절이 필요하다. 발음이 완성되지 않은 상태에서 힘을 주면 잘 알아들을 수 없는 '뭉개진 소리'가 된다. 목소리를 가다듬는 건 힘든 과정이지만 누구나 할 수 있다. 물론 노력이 수반되어야만 가능하다"라고 했다. 아나운서 아카데미를 다니면 제일 좋은 점은 경력을 쌓기 쉽다는 것이다. 아카데미 측에서 방송 제작사나 스튜디오에 소개를 시켜주거나 테스트를 볼 수 있게 해주기 때문이다. 아카데미 입장에서도 '누가 우리 학원에서 배워서 합격했다'라는 것을 홍보할 수 있다. 이동근 아나운서도 학원에 다닌 뒤 3개월 뒤에 포털사이트 다음에서 농구 중계에 참여하게 됐다. 그는 "당시 나는 데뷔를 못 하고 준비생 신분이었는데 전화 수화기 목소리만 듣고도 맡겨줘서 정말 고마웠다. 손대범 당시 점프볼 편집장과 처음 방송을 시작했다. 3년 정도 다음과 네이버에서 프리랜서로 인터넷 중계를 했다. 어떨 때는 하루에 두 번 중계할 때도 있었다. 첫 중계를 울산 동천체육관에서 했는데 전날 한숨도 잠을 못 잤는데 대범이 형이 '저 따라 오시면 돼요'라고 말을 해서 힘을 얻었다"라고 떠올렸다. 아카데미들은 지상파 방송사에서 운영하는 대형 아카데미부터 작은 소규모 학원까지 천차만별이다. 아나운서의 경우 기초반, 심화반, 종합반 등 클래스도 다양하다. 비용은 제각각이지만 한 달에 100만 원 정도는 든다. 대부분은 서울에 몰려있기 때문에 지방에서 준비하는 학생들은 비용이 추가로 든다는 점을 감안해야 한다. 아나운서 출신들은 대체로 아카데미를 한 번 정도 다녀볼 것을 추천한다. 기본적인 발성법이나 카메라 테스트에서의 요령 등 당장 입사시험에서 도움이 될 수 있는 팁들을 많이 얻을 수 있기 때문이다. 혼자서 연습할 공간이 마땅치 않은 이에게 좋은 훈련장이다. 무엇보다 학원 추천을 통해 취업할 기회를 얻는다는 점이 포인트다. 일반적으로 지상파는 매년 공채를 실시하지만 종편, 지방 방송, 전문 채널 등은 빠르게 인원을 채용해야 한다. 그러다 보니 현장에 바로 투입될 수 있는 사람들을 원하기 때문에 학원에서 추천하는 지원자 중에서 선발하는 경우가 많다. 학원을 다니면서 경험을 쌓은 뒤 온라인 강의를 듣는 것도 한 가지 방법이다. 발음 연습과 리딩 등 학원에서 수행하는 것과 똑같은 콘텐츠를 접할 수 있고 비용도 저렴하다. 아나운서에게 가장 중요한 건 목소리다. 타고난 부분이 중요하다. 하지만 중계를 위한 목소리를 만드는 것도 가능하다. 이동근 아나운서는 "방송에 맞는 목소리를 만들 수 있다. 지금 현직에 있는 분 중에서도 일부러 톤을 바꾼 경우가 있고, 나도 그랬다. 또, 종목에 따라 목소리를 바꾼다. 목소리를 새롭게 바꿀 수 있는 도전 정신이 있어야 한다. 도박과도 같아서 실패할 수도 있지만 해야 한다. 나도 입사 초창기 목소리를 들어보면 확연히 달라졌다. 귀에 꽂히지만 질리지 않는 톤이 중요하다. 다시 말하지만 타고나지 않더라도 충분히 노력으로 가능하다"라고 했다.

TIP2 능력 있는 경력직이 우대받는다

농구 중계를 하면서 생긴 두 번째 기회는 더빙 캐스터였다. 프로야구 중계 4사는 모두 중계 종료 이후 리뷰와 프리뷰를 하는 매거진 프로그램을 방송하고 있다. 이때 자사 중계 경기가 아닌 경기들은 더빙 캐스터들을 써서 짧은 하이라이트를 제작했다. 이동근 아나운서는 인터넷 농구 중계를 하면서 2010년 MBC 스포츠 플러스에서 1년 정도 하이라이트 더빙을 할 기회를 얻었다. 하이라이트 더빙은 비용과 시간이 많이 드는 작업이다. 야구 경기 직후에 방송이 되기 때문에 모든 경기를 지켜보면서 코멘트를 해야 하기 때문이다.

이동근 아나운서는 "시간에 쫓기기 때문에 5회 이후부터는 못 보고 들어올 때가 많았다. 어떤 장면이 하이라이트로 편집이 됐는지 모르기 때문에 경기를 보면서 예측해야 한다"라고 말했다. 하지만 이 경험을 통해서 중계 경험을 많이 쌓았고 2011년 경력직으로 입사할 기회를 얻었다. 이 아나운서는 "하이라이트 더빙을 하는 걸 당시 SBS 스포츠 제작팀장이 보시고 연락을 줬다"라고 했다. 다만 최근에는 프로야구 더빙 캐스터라는 영역 자체가 사라졌다. 4사가 합의해 타사 중계를 그대로 활용해서 하이라이트를 제작하게 됐기 때문이다. 이동근 아나운서는 "100% 비용 절감을 위한 조치다. 사실 매거진 프로그램에선 하이라이트가 나갈 때 시청률이 제일 높기 때문에 빨리 제작해야 한다. 시간과 인력을 아낄 수 있기 때문에 이제는 더빙 캐스터를 따로 쓰지 않는다"라고 전했다. 더빙 캐스터는 사라졌지만 스포츠 아나운서로서 경험을 쌓을 곳은 많아졌다. 예전보다 중계방송 횟수는 많이 늘어났기 때문이다. 이동근 아나운서는 "현장에서 일할 기회는 많아졌다. 비인기 종목들은 요즘엔 유튜브 등을 통해 중계를 제작하기 때문에 현장 캐스터가 필요하다. 그러면 점점 기회가 늘어난다. 이를테면 K리그의 경우엔 구단 자체 중계도 있고, 방송국이 아닌 외주 제작사 중계 경기 비율도 높아졌다. 그러면서 자연스럽게 경력직들을 채용해서 현장 중계에 투입한다"라고 설명했다. 경력직이 되기 위해서 필요한 건 실력과 평판이다. 다만 방송사들이 원하는 스테레오 타입이 있긴 하다. 이동근 아나운서는 "남자는 전통적으로 스포츠중계가 가능한 사람을 찾고, 여자는 MC형을 요구한다. 특히 남자 캐스터들은 경력직을 선호하는 분위기라 당장 스포츠 중계를 시킨다. 시험

KBS
KBS
RIGHTS HOLDER
RIGHTS HOLDER
WORLD BASEBALL CLASSIC
WORLD BASEBAL
積水ハウス
建設

에서도 중계를 틀어놓고 지원자들한테 해보라고 시킨다. 고난도 시험이다. 시청자도, 제작진의 눈높이가 올라가서다. 나는 다행히 프리랜서 생활을 하면서 경험을 쌓았다"라고 말했다. 이동근 아나운서는 스포츠 3사에서 모두 일한 이채로운 경력을 갖고 있다. MBC 스포츠 더빙 캐스터로 시작해 SBS 스포츠에서 일하다 2022년엔 KBS N으로 이직했다. 그는 "좋은 조건으로 갈 수 있는 기회가 생겨 놓치고 싶지 않았다. 최근엔 아나운서들의 이직이나 프리랜서도 늘어났다. 예전보다 아나운서 개인에 대한 역량을 키우는 것을 높게 인정받는 추세"라고 했다. 지상파인 SBS를 떠난 배성재 아나운서가 대표적이다. 한명재, 정용검 아나운서도 퇴사 이후 활동 영역을 넓혔다. 이동근 아나운서는 최근 KBS N 계열 채널인 KBS JOY에서 방송 중인 예능 프로그램 '이십세기 힛트쏭'에 출연 중이다. 그는 "예능 프로그램에 출연하면서 배우는 것도 많고 인지도도 높아졌다"라며 웃었다. 여성 아나운서의 경우 그래도 신입 비율이 높은 편이다. KBS N을 거쳐 프리랜서로 일하고 있는 오효주 아나운서는 "아카데미 추천을 받아 입사원서를 냈다. 서류를 통과해서 면접에 모인 사람이 120명 정도였는데 이름, 사진, 경력, 자기소개 등 간단한 프로필만 본다. 2차는 카메라 테스트다. 5명씩 들어가서 원고를 읽는다. 3차는 장기 자랑이었다. 나는 고등학교 때 배운 춤까지 췄다"라며 과정을 소개했다.

TIP3 아나운서도 기자처럼 취재한다

야구 아나운서들에게는 특권 아닌 특권이 있다. 경기 전 해설위원과 함게 선수들과 만나는 게 허용된다. 라커룸 취재는 불가능하지만 타격 훈련이나 불펜에서 연습 투구를 할 때 편하게 선수들과 대화를 나눌 수 있다. 중계를 위한 정보가 필요하기 때문이다. 그래서 때로는 기자들보다 선수들과 더 깊은 이야기를 나누기도 한다. 이동근 아나운서는 "하루하루가 편할 날이 없다. 야구 중계는 실수 한 번 하면 끝이라고 생각한다. 후폭풍이 크다. 해설자가 욕을 먹으면 같이 하는 캐스터도 책임이 있다. 하지만 촌각을 다투는 상황이 많아 생각하고 말하기가 힘들다. 게다가 야구에 대한 기본 지식을 모르면 망신당하기 쉽다. 시시각각 변하는 흐름에 따르면서 해설위원에 대응해야 하기 때문에 늘 공부해야 한다. 기자들이 글로 야구를 전한다면 아나운서들도 경기 중간의 행간을 채워나가는 몫을 해야 한다. 야구는 종목 특성상 여백이 많다. 아마 실제로 플레이되는 시간은 30분 정도일 것이다. 이 사이에 감정을 넣는 것이 아나운서의 몫이다. 아나운서에 따라 다큐가 될 수도 있고, 블록버스터도 될 수 있다. 선수의 루틴, 가정사, 습관 등 중요한 5~6가지 카테고리를 알고 있는 상태에서 해설자의 스타일에 맞춘다. 이 해설위원에게는 '어느 질문에 잘 맞을까'를 고민하고 묻는다"라고 설명했다. 그래서 아나운서에게 필요한 덕목 중 하나가 호기심, 그리고 학습 욕구다. 표현력을 늘리기 위해 책이나 영화, 드라마 등을 보면서 연구하기도 한다. 철저한 자기 관리도 필요하다. 업무 특성상 일이 많을 수밖에 없다. 제아무리 뛰어난 스포츠 아나운서라 해도 야구 중계만 하는 게 아니기 때문이다. 이동근 아나운서는 "내 경우엔 야구와 배구를 많이 하지만 동계종목, 해외 콘텐츠 등 할 일이 많다. 한 달에 쉬는 날은 거의 3~4일 정도다"라고 했다. 그래서 평소 운동을 통해 체력 관리를 하고 일부러 활기찬 모습을 보이려고 한다. 이동근 아나운서는 "내가 에너제틱하지 않으면 시청자들에게 현장의 느낌이나 에너지가 전달되지 않는다. 스포츠 아나운서는 말을 교양 있게 쓰기 전에 건강하고 호기심을 발휘하는 모습을 보여줘야 한다"라고 설명했다. 여성 아나운서들은 방송에서 보이는 외모를 더욱 신경 쓸 수밖에 없는 환경이다. 메이크업이나 헤어 세팅을 위한 시간도 많이 들일 수밖에 없다. 지방에서 열리는 경기 중계방송이 잡히면 새벽에 집을 나와 샵에 갔다가 회사나 현장으로 이동한다. 보통은 방송 제작 스태프들과 따로 혼자서 이동하기 때문에 시간이 배로 든다. 체력적으로도 정신적으로도 피로감을 크게 느낀다. 예전보다 중계 채널이 늘어났지만, 여전히 스포츠 아나운서의 숫자는 제한적이다. 그래서 스포츠 쪽만 바라보면서 준비하는 건 쉽지 않다. 이동근 아나운서는 "넓게 봐야 한다. 개인적으로는 지상파든 종편이든 스포츠 채널이든 특수성이 있지만 스포츠에 강점이 있다면 어디든 갈 수 있다고 본다. 특히 남자 아나운서라면 어느 채널에서든 잘할 수 있다고 본다. 굳이 방향을 좁히지 말았으면 좋겠다. 야구는 종합 엔터테인먼트적인 성격이 강한데 스포츠 아나운서도 그렇다. 스포츠 아나운서를 준비하면서도 보도채널에 갈 수 있다고 본다"라고 했다.

PRESS ROOM

스포츠 캐스터가

되는 길은 두 가지다. 지상파 아나운서가 된 뒤 스포츠를 맡거나 스포츠 전문 방송사에 들어가는 것이다. 전자의 경우 경쟁률은 매우 치열하다. 지상파 3사의 경우 1,000 대 1을 훌쩍 넘긴다. 스포츠를 맡게 된다는 보장도 없다. 회사 상황에 따라 매우 다르지만 지상파 아나운서 중 스포츠 중계에 투입되는 인원은 10~20% 정도에 불과하기 때문이다. 최근에는 과거에 비해 지상파 중계 횟수가 줄어들었고, 제작을 자회사에 맡기는 경우가 늘었다. KBS 출신인 이광용 캐스터는 "방송사에서 스포츠 아나운서가 되려면 실력뿐 아니라 운도 중요하다. 무엇보다 자기가 스포츠를 좋아하는 것과 얼마나 하고 싶은지를 직간접적으로 피력해야 한다. 회사 사정에 따라 월드컵이나 올림픽이 열릴 땐 기회가 많이 생긴다. 대신 대중성이 있는 캐스터를 내세워야 하는 경우도 있다. 2014년 브라질 월드컵 조우종 아나운서나 2024 파리올림픽 김대호 아나운서 같은 경우"라고 설명했다. 이광용 아나운서는 "나는 스포츠에 대한 애정과 열정이 강했다. 원래 MBC ESPN에서 1년 일한 경력이 있어서 메이저리그와 유럽 챔피언스리그를 중계한 경험이 있었다. 그래서 KBS 입사 이후 스포츠를 맡았다. 보통은 야구나 축구 중 하나를 고르게 되는데, 월드컵 캐스터의 꿈이 있어서 2018년 러시아 월드컵까지 할 수 있었다. 한국시리즈의 경우는 내가 원해서라기보다는 회사 사정상 맡았다"라고 설명했다. 그러나 최근 지상파 아나운서들의 스포츠 중계 참여는 줄어들고 있다. 실제로 정규시즌은 물론 포스트시즌도 자회사인 스포츠 채널 아나운서들이 맡고 있다. 이광용 아나운서는 "야구 캐스터를 예로 들면 케이블 채널은 매일 중계를 한다. 지상파는 많아야 1년에 10번 정도다. 정규시즌 144경기를 보통 세 명이 돌아가면서 맡는 스포츠 채널 아나운서만큼 진행하긴 어렵다"라고 말했다. MBC 출신인 허일후 전 아나운서도 "지상파 아나운서들은 회사원이다. 회사에서 맡기는 일밖에 할 수 없다. 뉴스, 예능, 라디오 등 다양한 분야를 맡아야 하기 때문에 스포츠에 전념하기는 어렵다. 일단 아나운서가 돼서 스포츠를 맡고 싶다면 모든 방송을 다 잘해야 한다. 그런 다음 기회를 기다려야 한다. 스포츠 쪽에 전념하고 싶다면 스포츠 전문 채널에 도전하는 쪽을 권한다"라고 조언했다. 스포츠 전문 아나운서는 중계 및 스포츠 관련 일만 할 수 있는 대신 여건이 좋지 않다. 지상파 아나운서보다 연봉이 적고, 안정성도 떨어진다. 스포츠 아나운서 중 대다수는 비정규직이다. 비교적 규모가 큰 스포츠 채널 3사와 SPOTV를 합쳐도 정규직으로 일하는 사람이 20명 정도에 불과하다. 꿈을 좇아 지역방송과 다른 케이블에서 일하는 프리랜서 아나운서들도 현실적인 벽이 높다는 사실을 인정한다. 정규직 기회를 잡는 사람은 매년 1~2명에 불과하다. 야구 캐스터가 되기는 더 어렵다. 스포츠 채널에서 가장 핵심이 되는 콘텐츠가 야구이기 때문에 실력을 인정받지 못하면 좀처럼 맡겨주지 않기 때문이다. '야구 캐스터가 되고 싶다'는 꿈을 이루려면 일단 다른 스포츠 종목들에서 자신의 능력을 쌓으면서 좋은 내부 평가를 얻어야 한다. 여자 아나운서는 더하다. 방송사들은 여자 아나운서들을 전략적으로 육성하고 매년 뽑고 있다. 남자 아나운서와 비교하면 문도 넓다. 남자 아나운서들은 경력직 위주에 3~4년에 한 번 정도 공채가 나지만 여자 아나운서들은 매년 새 얼굴을 뽑는다. 대신 더 빨리 회사를 떠난다. 회사마다 조금씩 정책이나 상황이 다르지만 4~5년의 계약기간 이후 재계약하는 인원이 많지 않다. 간혹 정규직으로 전환되더라도 남자 아나운서보다 수명이 길지 않기 때문에 스스로 떠나는 비율이 높다. 대중들의 관심, 즉 인기가 있을 때 다른 길을 찾는 게 낫다는 생각이 많기 때문이다. 여자 아나운서들이 경기 중계를 맡는 캐스터가 되는 것도 현재로서는 불가능에 가깝다. 최희, 정인영, 오효주 아나운서가 여자배구 중계에 참여한 적은 있으나 야구 캐스터는 윤영미 SBS 아나운서가 잠시 일한 사례가 유일하다. 2025년 KBS N 퇴사 이후 프리랜서로 변신한 오효주 아나운서는 "일단 스포츠 아나운서가 되고 싶은지를 확실히 생각해야 한다. 야구 전문가가 되고 싶은지, 인터뷰를 멋지게 하는 아나운서가 되고 싶은지, 아니면 또다른 길을 생각할지 아나운서가 될 때부터 결심해야 한다"라고 말했다. 야구 캐스터의 꿈은 잡을 수 없는 먼 곳에 있기만 한 걸까. 그건 아니다. 이동근 아나운서처럼 차근차근 길을 밟아나가는 사례는 있기 때문이다. 앞서도 소개했듯 인터넷 플랫폼들은 최근 스포츠 중계에 힘을 쏟고 있다. 메이저 종목이 아닌 비인기 종목들도 예전과 달리 온라인을 통해 중계된다. 외주 제작사들은 비용적인 측면 때문에 프리랜서 아나운서들을 쓰고 있다. 그러다 보니 스포츠 쪽 경력이 없는 아나운서들에게 등용문의 기회가 된다. 정통적인 방송과는 조금 다른 분위기지만 분명히 스포츠 전문 채널로 갈 수 있는 발판은 될 수 있다. 어려운 과정을 이겨내고 아나운서가 된 뒤 잦은 지방 출장, 많지 않은 급여 등 힘든 업무 환경도 이겨낼 자신이 있다면 말이다. 한 가지 더. 원하던 스포츠 아나운서가 될 수 없더라도 준비 과정을 통해 쌓은 경험을 다른 분야에서 살릴 수 있도록 시야를 넓힐 필요가 있다.

SCOUTING REPORT

| 급여
수준 | ★★★★★☆☆☆ | 대기업에 비해서는 적은 편.
지상파 아나운서라면 +5점 | **50** |

| 취업
난이도 | ★★★★★★★★☆ | 대한민국 야구 전문 캐스터를 다 합쳐도
20명이 안 된다. 여자 아나운서는 -10점 | **70** |

| 향후
전망 | ★★★★★☆☆☆ | 야구 캐스터가 되기는 힘들다.
그래도 경험을 살려 다른 직종을 얻을 수 있다 | **50** |

| 업무
강도 | ★★★★★★☆☆ | 중계 뿐 아니라 일반 사무도 해야 한다.
노출되는 직종이라 자기 관리도 필요 | **60** |

| 업무
만족도 | ★★★★★★★☆ | 자신의 꿈을 이룬 사람들이 대부분이라
만족도는 굉장히 높은 편 | **65** |

야구에서 사용하는 20-80 스케일을 기준으로 점수를 평가하였습니다.

에이전트

14

/ 한국의 '스캇 보라스'? 당신도 될 수 있다 /

AGENT

선수를 관리하고 상품성을 키우고 이적에 관여

선수 이적 성사 시 연봉의 1~5% 수수

창업 또는 관련 분야 근무자 수시 채용

영어

일본어

　프로스포츠는 선수가 곧 상품이다. 선수는 운동에 있어서는 전문가이며 권위자지만 '경영'이나 '판매', '광고' 등 세일즈와 마케팅에는 문외한이다. 그래서 도울 사람이 필요하다. 우리는 이를 전문적으로 맡는 이들을 '에이전트'라고 부른다. 에이전트들은 선수들의 전반적인 매니지먼트는 물론 팀 이적 및 연봉 협상을 맡는다. 2001년 KBO와 구단, 선수협은 에이전트 도입에 합의해 야구 규약 30조에 '선수가 대리인을 통하여 계약을 체결하고자 하면 변호사를 대리인으로 한다'라는 문구를 넣었다. 하지만 구단들의 반대로 본격적인 시행은 미뤄졌다. 그러나 1990년대 후반부터 아마추어 선수들이 일본이나 미국 등 해외리그에 진출하는 사례가 늘어나면서 에이전트의 필요성이 대두됐다. 메이저리그에서 에이전트가 되는 것은 매우 쉽다. 1명 이상의 선수와 대리인 계약을 맺으면 메이저리그 선수노조(MLBPA)에 에이전트 등록을 할 수 있다. 최근에는 KBO리그 선수들의 해외 진출이 활발해졌다. 자유계약선수제도(FA·고졸 8년 이상, 대졸 9년 이상이 되면 자유롭게 팀을 옮길 수 있음)와 포스팅 제도(7년 이상 뛰면 구단의 허락을 받아 이적 가능, 단 포스팅(공개입찰)에 따른 이적료 발생)가 자리를 잡았기 때문이다. 자연스럽게 한국인 에이전트들의 역할도 점점 커졌다. 그리고 KBO리그에서도 공식 에이전트 제도가 도입되면서 에이전트의 역할과 비중은 커지고 있다. 국내 야구단들도 처음엔 에이전트의 필요성을 느끼지 못했지만 이제 인정하고 있다. 무엇보다 선수들의 만족도가 높아졌다. 머리 아픈 계약 관련 업무나 매니지먼트, 법률, 세무 업무 등의 도움을 받을 수 있기 때문이다.

김동욱

선수의 마음을 사고 재능을 파는 중개인

김동욱은 최형우와 오승환의 에이전트로 유명하다. 과거 스포츠 마케팅을 담당했던 그는 에이전트로 변신했다. 오승환, 이대은, 하재훈 등 해외 리그에서 뛰었던 선수들은 물론 축구, 골프 등 여러 종목의 선수들을 맡았다. 야구 에이전트 1세대인 김동욱 대표의 지론은 "선수에게 믿음을 주고 그만큼 성과도 내야 한다는 것"이다. 정보 불균형이 빈번해 누군가를 속고, 속이는 일도 생기는 시장에서 '믿을만한 사람'이 되는 것이 중요하다는 뜻이다.

TIP! 스포츠계에 발부터 들여라

김동욱 스포츠인텔리전스 대표는 '이과생'이다. 김 대표는 "사실 전공보다는 스포츠 관련 마케팅에 더 흥미가 있었다. 그래서 부전공으로 경영학과 수업을 들었다. 그 과목 점수가 더 좋았다"라고 말했다. 그가 본격적으로 스포츠 관련 일을 하기로 마음먹은 건 미국에서 가고 나서였다. 김 대표는 졸업을 한 학기 남겨둔 1999년 미국 대학 편입 준비를 위해 필라델피아에 갔다. 6개월 정도 미국에서 머물면서 야간 대학에서 학점을 이수하고 있던 그는 때마침 박찬호가 뛰던 LA 다저스의 원정 경기를 보게 됐다. 김동욱 대표는 "동부 쪽에선 쉽게 볼 수 없는 경기라 주변 한인학생들에게 단체 관전을 제안했다. 3,000명 정도가 모였고, 로테이션이 변경될지 몰라 돈을 걸고, 이틀 치 표를 사고 환불하는 과정까지 내가 했다. 당시 박찬호가 경기가 잘 풀리지 않아 삭발하고 경기에 나섰는데 1회에 모자를 벗어 외야에 앉은 우리에게 인사를 했다"라고 회상했다. 다음 날, 스포츠를 좋아하는 그에게 한 선배가 책 한 권과 비디오 테이프를 건넸다. 마크 맥코믹(세계적 스포츠 에이전시 IMG의 설립자)의 책과 그를 모델로 한 영화 '제리 맥과이어'였다. 이미 그 영화를 보긴 했지만 그때부터 스포츠 관련 일을 해야겠다는 결심을 했다. 한국에 돌아온 그는 수업도 듣지 않고, 제너럴 스포츠란 회사에 들어갔다. 김 대표는 "닥치는 대로 사람들을 만났다. 작은 회사였는데 2002 한일 월드컵을 앞두고 노래 만들기 프로젝트를 진행했다. 머라이어 캐리나 산타나도 섭외했지만 결국 실패했다. 그래도 일을 배운다는 마음으로 여러 관계자들을 만났다.

그 인연으로 2001년 푸마 코리아에 입사했다"라고 떠올렸다. 입사 후 그는 평소 관심이 많았던 브랜드 마케팅 업무를 담당할 수 있었다. 김 대표는 "축구단 용품을 지원하고 연예인, 잡지 등을 통한 간접광고(PPL)를 하거나 선수들과 후원 계약을 맺는 업무를 맡았다. 글로벌 브랜드이다보니 축구 외에도 브레이킹이나 모터스포츠 등 여러 가지 종목을 접할 수 있었다"라고 말했다. 에이전트 일을 해야겠다는 꿈을 키운 것도 그때부터였다. 2010년 대구 국제육상선수권과 2011년 대구 세계육상선수권 당시 그는 푸마 후원을 받은 우사인 볼트를 담당했다. 김동욱 대표는 "볼트를 보면서 스포츠 스타의 위력을 처음 느꼈다. 그 전에도 많은 스포츠 스타들의 이벤트를 진행해봤지만 볼트와 일할 때는 정말 모든 게 쉬웠다. 전자제품, 음료, 장비 등 여러 기업들이 서로 자기 것을 써달라고 매달렸다. 볼트가 치킨 너겟을 좋아하는 게 알려지자 서른 개가 넘는 치킨 업체가 달려들기도 했다. 볼트의 에이전트인 리키 심스를 보면서 세계적인 선수가 있다면 '에이전트도 해볼만한 일이구나'라는 생각을 가졌다"라고 말했다.

TIP2 선수의 마음을 사로잡아라

에이전트에게 가장 중요한 건 역시 선수들과의 '관계 쌓기'다. 대체로 에이전트들이 선수들을 눈여겨봤다가 먼저 손을 내민다. 김동욱 대표는 "(에이전트가 되기 전)나는 선수들과 친해지는 게 쉬웠다. 브랜드 마케팅을 했기 때문에 운동화나 장비를 선수들에게 편하게 건넬 수 있었다. 무엇보다 나는 제3자의 입장에서 조언을 해줄 수 있었다. 스포츠계가 돌아가는 상황을 잘 알면서도 내가 이해당사자가 아니기 때문에 직언할 수 있었다"라고 했다. 김 대표는 2014년 오승환의 일본 진출 계약을 맡으면서 홀로서기에 나섰다. 오승환과의 인연은 사람들을 통해 자연스럽게 만들어졌다. 당시 푸마는 K리그 수원 삼성 소속이었던 이관우를 지원하고 있었다. 김동욱 대표는 "이관우가 부상 때문에 용인 삼성트레이닝센터(STC)에서 훈련을 했다. 그때 오승환도 어깨가 좋지 않아 STC에서 재활 훈련을 하고 있었다. 이관우가 자기가 받는 물품 중에 일부를 승환이에게 줄 수 없겠냐고 하면서 소개해 줬다. 그걸 계기로 친해졌다. 언젠가 야구 쪽 일을 할 거라는 얘기를 하면서 승환이가 나를 돕고 싶다는 말을 했다"라고 떠올렸다. 김동욱 대표는 얼마 뒤 푸마를 떠나 스포츠마케팅 회사인 IB스포츠에 입사해서 경험을 쌓았고, 오승환과 계약했다. 김 대표는 "승환이가 해외 진출 자격을 가질 쯤 에이전트 계약을 맺고 싶다는 사람들이 있다며 내게 물어봤다. 그러다 나중에는 '형에게 맡기고 싶다'라고 했다. 그러면서 스포츠인텔리전스를 세우면서 독립했다. 두 사람은 오승환이 은퇴한 2025년까지 함께 했다. 오승환은 김 대표와 손을 잡은 이유에 대해 "그동안 쭉 보면서 믿음이 생겼다. 능력도 있었기 때문에 고민하지 않았다"라고 설명했다. 당시 삼성에서 뛰던 오승환은 구단의 허락을 받아 해외 진출을 시도했다. 김동욱 대표는 "가장 중요하게 고려한 건 오승환이 뛰는 환경과 조건이었다. 5개 일본 구단으로부터 오퍼를 받았고, 미국 구단은 10여 곳을 만났다. 하지만 미국은 포스팅을 거쳐야 했기 때문에 협상이 불가능했다. 세금과 환경, 팀의 현재 상황 등을 냉정하게 제시했다. 결정은 선수가 내리는 것이기 때문에 마지막까지 정확하게 조건을 전달했다. 한신은 마무리로 뛸 수 있었고, 원소속팀 삼성도 좋은 조건으로 보내줄 수 있었다"라고 말했다. 에이전트에게 필요한 능력 중 하나는 위기 대처다. 2015년 오승환은 해외 도박 사실이 알려지면서 어려운 상황에 놓였다. 김동욱 대표는 정면 돌파를 택했다. 당시 임창용과 오승환의 에이전트였던 김 대표는 "선수들과 '잘못한 부분은 빨리 인정하는 것이 옳다'는 합의를 하고, 빠르게 사과했다. 일반인들과 달리 운동선수는 작은 것 하나도 큰 허물이 될 수 있다"라고 했다. 특히 오승환은 이후 국가대표팀과 사회봉사 활동에 적극적으로 참여하며 이미지를 개선했다. 덕분에 명예롭게 은퇴할 수 있었다.

TIP3 신뢰, 그리고 실력이 에이전트의 덕목

김동욱 대표는 한 번 인연을 맺은 선수들과 오래가는 편이다. 오승환, 최형우 등과는 10년 넘게 일을 했다. 김 대표는 "물론 신뢰 관계가 가장 중요하다. 다만 신뢰가 있다 하더라도 프로는 돈이 중요하다. 성과가 안 좋았다면 어려웠을 거다. 신뢰 관계만으로는 어렵다. 대리인의 역량이 선수 눈높이에 맞느냐도 결국 중요하다"라고 설명했다. 현역에서 은퇴한 뒤 다른 회사와 계약한 이대은, 오승환과도 좋은 관계를 유지하면서 계약을 종료했다. 김 대표는 "오승환의 경우 은퇴 후에 하려는 활동들을 나보다 잘 지원해 줄 수 있는 회사로 갔다. 그래서 기분 좋게 떠나보낼 수 있었다"라고 말했다. 2025시즌 종료 후 FA 시장에선 최형우의 거취가 큰 화제였다. 베테랑인 그가 KIA를 떠나 삼성 유니폼을 입었기 때문이다. 이 과정에서 무수하게 많은 소문과 뉴스가 나왔지만 최형우와 김동욱 대표는 신중하게 임했다. 김동욱 대표는 "최형우 관련 기사가 쏟아졌다. 그러니까 최형우가 '내가 마흔세 살인데 왜 이렇게 구단이나 나에 대한 관심이 많은 거냐'라고 하더라. 10년 넘게 일한 나도 사실 놀랐다. 인터넷 커뮤니티 글 하나에도 구단이나 현장에서 일일이 반응하니까 선수가 부담스러워했다"고 말했다. 야구 선수의 계약이 미디어, 구단, 선수, 팬의 관심을 받는 건 당연하지만 에이전트로선 신뢰를 지켜야 한다. '노코멘트' 원칙을 끝까지 지켰다"라고 했다.

TIP4 에이전트가 되려면 변호사가 되어야 할까

2018년 KBO와 선수협은 공식적으로 에이전트 제도를 도입했다. 전까지 선수 대리인들이 활동하긴 했지만, 해외 진출 선수들이 주요 대상이었고, 국내 구단과는 '비공식적'으로 협상에 참여했다. 하지만 2017년 12월 선수협 주관 아래 첫 자격시험이 시행되면서 본격적인 '에이전트 시대'가 열렸다. 김동욱 대표 역시 2019년 시험에 응시해 공인 대리인 자격을 얻었다. 시험은 네 항목으로 나뉜다. KBO리그 선수대리인 규정/표준선수대리인 계약서, KBO 규약/야구선수 계약서/협정서, KBO리그규정/야구배트 공인규정/상벌위원회규정/국가대표운영규정, 마지막으로 프로 프로스포츠도핑규정/국민체육진흥법(벌칙규정), 계약법이다. 선수협 홈페이지에 자료들이 올라와 있고, 사례에 관한 문제들이 다수다. 지문들이 길기 때문에 난이도가 낮은 편은 아니다. 김동욱 대표는 "생각보다 힘들고, 범위도 광범위하다. 만만한 시험은 아니다. 생각보다 어렵다. 하지만 필요하다고는 본다. 전체적인 인사이트를 이해해야 하는 시험이고, 선수의 위치나 전반적인 야구 규정, 계약을 이해하는 데 도움이 되는 부분이 있다"라고 말했다. 처음엔 매년 시행됐으나 2021년부터는 격년제로 시행 중이다. 최근 몇 년간 에이전트 시험 합격자들의 다수는 변호사, 세무사 등 법률 관련 직종 종사자들이었다. 김도영이 소속된 MVP 스포츠의 공동대표는 방송에도 자주 출연하는 박지훈 변호사다. 또 다른 대표인 강우준 CEO도 로펌 출신 변호사다. 하지만 법률 공부를 하지 않더라도 에이전트 시험은 얼마든지 합격할 수 있다. 김 대표는 "과목을 보면 알겠지만 야구 규정에 대한 부분이 많다. 법률에 관한 규정과 규약도 있지만 사법시험처럼 깊이 들어가는 시험은 아니라 변호사가 유리하다고 보긴 어렵다"라고 말했다. 사실 합격 이후에도 법률 서비스보다는 계약 및 연봉 협상 등이 주 업무가 되다 보니 변호사 출신 에이전트들의 활동이 활발한 편은 아니다. 야구 업무만 맡지 않고 다양한 종목과 이벤트를 맡는 것도 최근엔 필수적이다. 주로 축구 선수들을 대리하고 있는 CAA 스텔라 코리아는 2024년엔 본사인 CAA 베이스볼팀과 함께 김혜성의 LA 다저스 진출을 도왔다. 김혜성의 포스팅부터 시작해 미국행 업무에 참여한 박용정 선수관리팀장은 "손흥민을 비롯해 국제적인 업무를 많이 해봤기 때문에 김혜성이 우리를 선택했다. 오타니 쇼헤이 역시 CAA 본사의 고객"이라고 설명했다. 박 팀장은 "최근에 에이전트들이 펴낸 책들이 많다. 현직자들의 경험이 많이 소개되어 있어서 추천하고 싶다"라고 말했다. 김동욱 대표의 스포츠인텔리전스 역시 골프 선수들의 에이전트를 맡고 있다. 김동욱 대표는 "회사 내부에 골프 파트가 있다. 중요한 의사 결정이 있을 때만 관여하지만 선수 매니지먼트를 하고 있다. 아울러 MLB 코리아와 대한체육회와도 계약을 맺고 있다. 축구의 경우엔 해외시장이 크지만 야구는 사실 협소하다. 다양한 사업으로 확장하는 게 필요하다"라고 했다.

PRESS ROOM

에이전트가

되기 위해서 가장 중요한 건 선수와의 네트워크다. 선수와 계약을 하려면 그만큼 협상을 할 수 있는 능력을 입증하거나 충분한 신뢰 관계가 쌓여야 하기 때문이다. 해외 진출을 이끈 에이전트들은 대개 선수와 함께 일했거나 그 전부터 잘 아는 사이인 경우가 대부분이다. 이 분야에서 경력을 쌓으면서 자연스럽게 선수들이 찾아오는 경우도 많지만 대다수는 에이전트들이 먼저 선수에게 러브콜을 보내야 하기 때문이다. '나는 에이전트가 되겠다'라고 마음을 먹는다고 해서 바로 될 수는 없다는 뜻이다. 이 분야에서 어느 정도 경력과 인맥을 쌓아야 비로소 출발점에 설 수 있다. 구단과의 연결점을 만드는 경험을 많이 하는 것도 큰 도움이 된다. 선수와 구단의 이해관계를 파악해 중재를 하는 것이 에이전트의 업무이기 때문이다. 김동욱 대표처럼 스포츠 관련 업체에서 일을 하거나 취재기자, 구단 직원을 거쳐 에이전트가 되는 사례가 많다. 임창용과 이대은의 일본 진출을 주선했던 박유현 아이안스 대표는 우연한 계기로 종합격투기 최홍만의 현지 생활을 돌봐주다 에이전트계에 뛰어들었다. 최정과 김광현의 대리인인 브랜뉴 김현수 대표도 SK 구단 직원으로 일하면서 친분이 생겼고, 이를 계기로 계약을 맺었다. 성공한 에이전트들의 공통점은 어학 능력이다. 능숙한 영어 실력을 가져야 해외 구단 및 관계자들과 협상을 할 수 있기 때문이다. 김혜성의 에이전트인 박용정 팀장은 체육교사를 꿈꾸다 스포츠 관련 대외 활동을 하면서 에이전트의 꿈을 키웠다. 그게 가능했던 건 영어 능력 덕분이었다. 박 팀장은 2018 평창올림픽 당시 후안 안토니오 사마란치

부위원장 통역을 하면서 스포츠 에이전트 일에 대해서 알게 됐고, 영국에서 교환학생을 하면서 CAA 인턴십을 신청해 손흥민 관련 업무를 맡았다. 박 팀장은 "언어적 능력이 많이 중요하다. 상황을 파악하는 센스나 눈치가 좋은 경우 좋은 점수를 받을 수 있다. 선수가 원하는 바나 전달해야 하는 내용도 오해 없이 전해야 한다"라고 말했다. 사실 국내 리그에서 뛰는 선수만 계약해서는 수익성이 떨어진다. KBO리그 선수들의 1년 연봉 및 계약금 등 총액은 1,500억 원이 채 안 된다. 보통 3~5% 정도 수수료를 받기 때문에 에이전트들의 연수익은 70억에 못 미치는 셈이다. 선수들을 활용한 매니지먼트나 광고, 수익 등을 더해도 크지 않다. 에이전트 업계에서 큰 회사들 몇몇 곳만 살아남은 이유다. 그래서 해외 진출 선수 계약도 중요하다. 에이전트 시험 합격이 에이전트가 되는 것을 의미하는 건 아니다. 무엇보다 '선수'라는 고객이 필요하기 때문이다. 실제로 2년 안에 선수와 계약하지 못할 경우 대리인 자격이 취소된다. 그러나 국내 프로야구 시장에선 FA 선수 위주로 에이전트 시장이 돌아가고 있다. 저연봉 선수의 경우 수수료를 받더라도 수익이 작아 계약의 실효성이 떨어지기 때문이다. FA를 앞두거나 대형 계약이 유력한 주요 선수들을 고객으로 모시지 않으면 사실상 에이전트 역할을 하기 어렵다. 저연봉 선수 보호를 위해 한국프로스포츠협회가 마련한 공익 에이전트 등록 제도가 있지만 최근에는 유명무실한 상태다. 반면 에이전트가 병행하는 매니지먼트 업무의 영역은 점점 넓어지고 있다. 예전에는 그저 선수들의 일정 관리, 행사 섭외 및 진행 정도에 그쳤지만 최근에는 패션이나 스포츠용품 브랜드와의 컬래버레이션 등을 통한 상품 개발, 판매로 확장되고 있다. '선수 중개' 외에도 스포츠시설과 유소년 선수 교육 등 관련 사업으로 확장해야 '수익성'과 '계약 파기'라는 위험에서 벗어날 수 있다. 김동욱 대표는 "장비나 차량 지원, 광고 등을 원하는 선수들이 많다. 연예 매니지먼트사 같은 서비스를 바라기도 한다. 물론 선수가 운동에 집중하기 위해 스폰서를 찾고, 훈련지를 찾는 걸 도와주거나 세금 신고를 돕는 등의 행정 서비스는 필수적"이라며 "하지만 기본 업무는 좋은 계약을 하는 거다. 선수의 성장 가능성을 읽고 구단 관계자들과 관계를 맺으면서 선수가 어떻게 살아남고 더 좋은 대우를 받을 수 있는지를 생각하는 게 먼저다. 예를 들면 'A구단 고과평가는 선발 출전 비중이 높다'라는 정보를 내가 안다면 선수에게 조언해 줄 수 있다"라고 설명했다. 화려한 면이 크게 부각되지만 어두운 부분도 많다. 가족이 아닌 이상 에이전트와 선수의 관계는 깨어질 수 있기 때문이다. 구단과는 철저하게 계약 관계로 얽혀 있지만, 에이전트와 선수의 관계는 그렇지 않다. 물론 에이전트에게 피해를 입는 선수도 있다. 그러다 보니 법정 싸움까지 벌어지는 일도 허다하다. 김동욱 대표가 "가장 중요한 건 선수에 대한 신뢰와 책임감이다. 에이전트의 선택에 따라 고객인 선수들이 피해를 볼 수 있고, 믿음을 주기 위해 모든 걸 오픈해야 한다"라고 말하는 것도 그래서다. 김 대표는 "스토브리그 시즌이 되면 나도 모르게 날카로워진다. 스트레스가 정말 크다. 하지만 야구를 그만두려던 하재훈을 설득해 일본 독립리그에 보내고 프로 무대에 들어갔을 때 정말 성취감이 컸다. 그게 에이전트의 매력"이라고 했다. 냉철함과 따뜻함, 스포츠 산업에 대한 이해가 모두 갖춰져야 좋은 에이전트가 될 수 있다.

SCOUTING REPORT

| 급여
수준 | ★★★★★★☆☆
철저한 성과제다.
뛰어난 선수들이 많으면 많을수록 수익은 커진다. | **60** |

| 취업
난이도 | ★★★★★☆☆☆
에이전트가 되는 것 자체는 예전보다 쉬워졌다.
성공하기 어려울 뿐 | **50** |

| 향후
전망 | ★★★★★★☆☆
프로야구 시장이 성장하면서 판이 커졌다.
해외파도 꾸준히 나오고 있다 | **60** |

| 업무
강도 | ★★★★☆☆☆☆
에이전트로서의 첫 걸음만 잘 떼면
업무 강도는 높지 않다. | **40** |

| 업무
만족도 | ★★★★★★★★
선수의 기쁨이 곧 나의 기쁨.
물론 반대도 해당된다 | **80** |

야구에서 사용하는 20-80 스케일을 기준으로 점수를 평가하였습니다.

데이터 마케터

15

/ 야구 기록은 곧 상품이다 /

DATA MARKETER

업무 개요

야구 기록과 데이터를 정리하고 상품으로 가공하는 일

급여 수준

4,000만 원 초반(신입사원 초봉 기준)

채용 방식

수시 채용

야구는 기록의 스포츠다. 기록은 야구의 모든 것을 말할 순 없지만, 많은 것들을 보여줄 수 있다. 기록의 범위도 넓어졌다. 홈런, 타점, 타율과 같은 1차 기록(클래식 스탯)은 물론 세이버메트리션들이 고안해 낸 OPS, FIP와 같은 2차 기록도 대중화됐다. 게다가 요즘에는 IT 기술과 관련 학문이 발달하면서 다양한 자료가 만들어진 덕분에 야구 관련 기록과 그래픽 자료 등은 더욱 많아지고 있다. 미국에서는 1913년 엘리아스 스포츠 뷰로란 회사가 만들어져 메이저리그와 NBA(미국프로농구), NFL(미국프로풋볼), NHL(북미아이스하키리그) 등 스포츠 기록을 관리하고 있다. 한국은 1990년대 들어서야 각종 통계 자료들을 '사고파는' 시대가 열렸다는 사실이다. 과거 프로야구에서 팔리는 기록은 딱 하나였다. 이른바 '땅표'라 불리는 기록지다. 스포츠 전문지들이 KBO와 위탁계약을 맺은 스포츠투아이로부터 이를 구매했다. 그러나 미디어 판도가 달라지면서 상품이 늘어나고 있다. 최근에는 투구 궤적과 타구를 쫓는 프로그램이 새로운 상품으로 대두됐다. 경쟁이 치열한 방송에서는 더 다양한 볼거리를 위해 활용하고 있기 때문이다. 구단들도 자체적으로 전력분석 프로그램을 만들거나 운영하고 있지만 더 다양한 정보와 자료를 위해 지갑을 열고 있다. 스포츠 통계를 활용한 시장이 커지고 있는 것이다. 스포츠 통계 마케팅도 기본적으로는 장사다. B2B(Business To Business·기업이 기업을 대상으로 하는 사업)고, 전문적이라는 특징이 있어 작은 시장이지만 고객(구단, 미디어, 리그)이 원하는 것을 팔아야 한다. 스포츠 통계 마케터는 '가장 핫한 것이 무엇이고, 가장 재밌는 게 뭔지'를 잡아낼 수 있어야 한다. 국내

야구계에서 처음으로 세워진 통계 전문 회사는 스포츠투아이다. 이후 해
피라이징 등 다른 회사들도 스포츠 통계 관련 사업을 진행 중이다.

김봉준

숫자가 돈이 되는 세상, 어떤 것에 집중할 것인가

김봉준은 야구 기자 지망생이었으나 야구 통계 업체에서 일하게 됐다. 야구계는 과학, 수학과의 만남을 통해 변화했고 새로운 시장이 열렸다. 아이러니하게도 '숫자' 속에 살았지만 가장 중요하게 생각한 건 '사람'과의 관계였다. 스포츠 마케팅에서도 가장 중요한 건 고객의 니즈를 파악하는 것이기 때문이다. 최근엔 데이터와 AI 활용 기술이 회사의 새로운 영역이 됐다. 시대의 흐름을 잘 파악하고 앞서가는 판단력이 필요한 분야다.

TIP! '먼저'가 중요하다

김봉준은 1969년생으로 한양대 영문학과 89학번이다. 학창 시절부터 스포츠를 좋아했던 그는 기자가 되려고 했다. 그의 운명이 바뀐 건 1994년도 KBO 기록강습회였다. 대학교 4학년이었던 그는 친구들과 배명고에서 열린 강습회에 참가했다. "1년 뒤 취업하니까 지금 들어야겠다고 생각했다. 시험까지 보고 자리에서 일어났는데 박기철 전 스포츠투아이 부사장께서 '한 번 오라'고 했다. 왜 오라고 했는지도 모르고 갔더니 20명 정도가 있었다. 나만 트레이닝복 차림이고 다른 사람들은 양복을 입고 있었다. 기록원을 뽑는 자리였던 거다." '한국 야구 기록의 아버지'로 불리는 박기철(2016년 4월 작고)은 서울대 원자핵공학과(76학번)를 졸업한 뒤 프로야구가 출범한 1982년 KBO 공식기록원 1세대로 입사했다. 메이저리그보다 1년 빠른 1982년부터 KBO가 출루율을 공식 기록으로 삼아 개인상을 시상했고, 야구 통계 전산화를 주도한 인물이 그였다. 1994년까지 기록원으로 일했던 박기철은 1995년 KBO 기획실장이 됐다. 야구광에 지식도 해박한 김봉준이 박기철의 눈에 띄었다. 기자 지망생이었던 김봉준은 기록원이 될 생각은 없었다. 대신 박기철 부사장은 인기가 있었지만 경영상의 어려움으로 폐간됐던 주간지 '주간야구'를 복간하면 기자로 뽑아주겠다는 약속을 하고 기록원이 될 것을 권유했다. 그러나 주간야구 복간은 이뤄지지 않았고, 결국 1년 뒤 월간지 '베이스볼코리아'에서 일했다. 이후에도 스포츠지 입사를 준비했지만 이뤄지지 않았고, 베이스볼코리아는 2년 만에 폐간됐다. 그때 박기철 부사장이 다시 손을 내밀었다. 한국야구정보시스템(KBI·스포츠투아이 전신)을 만들 테니 함께 일하자는 제안이었다. 미국, 유럽, 일본 등에서는 스포츠 데이터 산업이 대중적이었지만 한국에서는 저작권이란 개념조차 희박했다. KBI 는 통계 관련 국내 최초의 회사라고 볼 수 있다. 당시 KBI 직원은 이원우 세종대 통계학과 교수와 KBO 기록위원회 간사 출신으로 기획부장이었던 박기철, 월간야구 기자 출신인 김봉준 세 명이었다. 결국 2003년까지는 어떤 매출도 내지 못했다. 일단 프로야구를 타겟으로 삼고 데이터를 수집하면서 저장하는 프로그램과 툴을 개발했다. 미국에서 인기를 끌던 판타지게임을 운영하기도 했으나 큰 수익은 내지 못했다. 김봉준은 "회사에서 월급을 제대로 못 주니까 이직하거나 퇴사하는 인력도 많았다"라고 말했다. 첫 매출은 2004년에야 발생했다. 스포츠지에 판매하는 '땅표'였다. 당시만 해도 전문지들은 대학생 명예기자에게 '땅표'를 만들게 했는데, 100% 수작업이었다. KBO로부터 기록 판매권리를 획득하고, 이미 독자적인 처리 기술을 제작한 스포츠투아이는 저렴한 가격으로 '땅표'를 판매할 수 있었다. 아울러 중계 방송사에서 필요로 하는 자막용 데이터방송사에도 중계에 필요한 자막용 데이터를 팔기 시작했다. KBO와 스포츠투아이는 위탁계약을 통해 발생한 수익을 분배했다. 2005년에는 획기적이면서도 안정적인 상품을 찾았다. 지금은 보편화된 문자 중계다. KBO 공식 기록원들은 종이로 된 기록지와 동시에 컴퓨터에 전산 입력을 한다. 스포츠투아이의 시스템을 거친 데이터는 네이버와 다음 등 포털사이트에 전달돼 사람들이 읽을 수 있는 문자로 바뀐다. 때마침 야구 인기가 올라가기 시작했다. 2008년 베이징 올림픽에서 야구 대표팀이

금메달을 딴 뒤에는 전 경기가 방송사에 중계되기 시작했고 자연스럽게 매출이 늘어났다. 야구 기록이 돈이 될 수 있다는 사실을 누구보다 먼저 알았기 때문에 가능한 일이었다. 김봉준은 "남들보다 먼저 시장 가능성을 엿보지 않았다면 지금의 스포츠투아이는 없었을 것"이라고 말했다.

TIP2 개발, 개발, 또 개발

프로야구단이 본격적으로 전력분석을 시작한 건 1997년이다. LG는 자매구단인 일본 주니치 드래건스의 소개로 '아소보' 시스템을 도입했다. LG가 전력분석을 통해 성과를 내자 다른 구단들도 일본에서 전력분석 프로그램을 사서 쓰기 시작했다. 스포츠투아이는 '미디어'로 한정되어 있던 고객을 '구단'으로 넓힐 기회라는 판단을 내리고 기술력을 총동원했다. 그리고 2004년 순수 우리 기술로 만든 전력분석 프로그램 '퍼펙트 베이스볼'을 개발해 현대 유니콘스에 판매했다. 이후 프로야구 8개 구단과 국가대표팀도 쓰기 시작했다. 김봉준 대표는 "자존심 문제라고 생각했다. 구단들이 모두 일본 프로그램을 사용했기 때문이다. 다른 제품이 없는 까닭에 가격도 비쌌다. 한국이 IT 강국이긴 하지만 시장이 작아 큰 회사들도 뛰어들지 않았다. 그래서 '우리가 하자'는 결론을 내렸다. 기록지와 달리 구속, 구종, 타구의 질 등 여러 상황을 담는 복잡한 프로그램이라 개발 과정이 쉽지 않았다. 연구는 물론 보수와 유지를 위한 인력이 꽤 많이 필요했다"라고 말했다. 다음 스텝은 투구와 타구 추적 시스템이었다. 김봉준 대표는 "축구는 오래전부터 트래킹 시스템이 활용됐다. 야구가 축구보다 움직임이 더 적은데 '왜 없을까'라는 궁금증이 생겼다."라고 했다. 메이저리그에선 이미 여러 개의 회사가 야구공의 움직임을 그래픽화하는 회사들이 생겨난 상태였다. 메이저리그 홈페이지도 Pitch F/X를 활용해 'at bat(타석당 투구 그래픽)'을 제공했다. 김봉준 대표는 "미사일, 유도탄 추적 등 군사 기술이 활용된 시스템이었다. 우리 연구원들이 넘어가 기술이전을 받았다"라고 떠올렸다. 처음부터 희망적이었던 건 아니었다. 한국은 시장이 작아 수익성이 낮다는 의견이 많았다. 하지만 과감하게 미국 SMT사와 계약해 기술을 도입했고, 결과는 나쁘지 않았다. 더 나아가 자체 시스템을 개발하는 데 성공했다. 2010년부터 PTS(투구 추적 시스템)를 활용한 S-zone 등이 방송에서 바로 활용됐다. 장비·프로그램 유통은 물론 데이터 기획과 R&D·마케팅까지 모두 책임지면서도 해외 업체들보다 가격 경쟁력에서 앞선다는 이점이 있었다. '비더레전드'는 스포츠투아이가 일반 팬을 고객으로 만든 최초의 사례다. 비더레전드는 스마트폰 애플리케이션을 통해 경기가 있는 당일 안타를 칠 것 같은 선수를 맞히는 게임이다. 2014년 출시된 비더레전드는 야구 팬들이 참여하는 이벤트다. 어플리케이션에서 안타를 칠 선수가 누구인지를 경기 시작 전에 선택해 40경기 연속 적중하면 상금을 지급하는 방식이다. 40경기로 목표를 정한 건 현재까지 깨어지지 않은 박종호의 39경기 연속 안타를 넘으라는 뜻이었다. 출시 당시엔 하루 평균 10만 명 이상이 참여할 정도로 뜨거운 반응을 보였다. 2017시즌까지는 4억원의 총상금을 당첨자들이 나누어 받았다. 2021년을 끝으로 종료되었다가 2025년에 다시 부활했다. 김봉준 대표는 "당시 연 매출은 2억 원으로 크지 않았

지만, B2B(Business to Business, 기업 간 거래)인 기록 관련 마케팅의 영역을 B2C(Business to Customer)까지 넓혔다는 데 의미가 있다"라고 했다. 2021년을 끝으로 중단됐던 비더레전드는 플랫폼을 바꿔 2025년부터 다시 서비스를 시작했다. 야구 사업만 하는 건 아니다. 축구, 농구, 핸드볼 등 여러 종목의 기록 전산화 작업을 맡았다. 최근 역점 사업은 씨름이다. 스포츠투아이는 씨름 아카이브 센터를 만들어 영상 및 기록을 관리하고 있다. 2022년부터 문화체육관광부는 씨름을 'K-컬처'의 일환으로 보고 진흥 정책을 내놓고 있다. 스포츠투아이는 유튜브 '샅바TV'를 운영하면서 야구 기록처럼 씨름도 기록화하고 있다. 김봉준 대표는 "예전에는 1분 11초 만에 A 선수가 들배지기로 이겼다는 게 씨름 기록의 전부였다. 지금은 언제 어떤 선수가 어떤 기술을 시도했는지도 데이터로 만들 수 있다"라며 "전통 스포츠의 현대화라는 부분은 의미가 있다. 태권도처럼 씨름도 이어가야 할 종목으로서 문체부 지원을 받고 있어 사업성을 갖고 있다"라고 설명했다. 기술이 변화시킨 가장 큰 KBO리그 규정 변화는 ABS(자동 투구판정 시스템)다. 2024년 KBO는 ABS를 도입해 심판 대신 스트라이크와 볼을 판정하고 있다. 당시 야구계에선 트랙맨, 호크아이 등 해외 업체들도 국내에 진출해 있었으나 스포츠투아이와 손잡았다. 이미 ABS 시스템을 개발해 고교야구 대회에서 활용한 경험이 있기 때문이었다. 타자의 키에 맞춘 가상의 스트라이크존을 설정하고, 구장에 4대의 카메라를 설치해 이를 추적하는 ABS는 팬들의 큰 호응을 얻었다. 볼 판정 관련 논쟁을 없애면서 심판들의 부담도 덜었다.

TIP3 AI가 미래다

성장세를 이어간 스포츠투아이는 정직원이 75명(2025년 12월 기준)까지 늘어났다. 연 매출액도 100억 원대로 늘어났다. 2025년 3월엔 투자 전문 운용사인 인피니툼파트너스가 새 주인이 됐다. 인피니툼파트너스는 모태펀드(정부가 투자재원을 공급하고 한국벤처투자가 투자의사 결정을 담당하는 펀드) 출자를 받아 스포츠 쪽에 투자하는 벤처캐피탈(VC)이다. 2021년부터 스포츠투아이의 공동대표를 맡았던 김봉준 대표는 M&A 이후에도 대표이사를 맡고 있다. 김 대표는 기존 사업을 유지하면서도 변화를 주고 있다. 대표적인 게 한국배구연맹(KOVO)과 손잡고 개발 중인 AI 비디오 판독이다. 프로배구는 현재 중계방송사 화면을 활용한 비디오 판독을 실시하고 있다. 그러나 중계에 최적화된 카메라 세팅으로는 완벽한 판독이 불가능하며, 오버네트나 인/아웃 화면을 판독하는 과정에서 경기감독관의 주관적인 해석이 들어갈 수밖에 없다. KOVO는 AI 기술을 활용해 논란을 줄이겠다는 의도다. 스포츠투아이는 ABS와 마찬가지로 자체 영상 장비를 설치해 인/아웃은 물론 오버네트 등 비디오 판독을 하는 시스템을 개발중이다. 빠르면 2026년 컵대회에서 시험적으로 시연된다. AI 기술은 야구 분야에서도 이미 활용 중이다. 중계방송 내 AI 기반 실시간 구종, 삼진, 안타 예측 데이터 서비스를 제공하고 있다. 김봉준 대표는 "논란도 있었지만 ABS의 순기능은 이미 확인되지 않았나. AI 기술이 스포츠에서 차지하는 비중은 점점 커질 것이다. 스포츠투아이도 기존 레거시 사업은 유지하되 새로운 영역을 늘려가려고 한다"라고 말했다.

PRESS ROOM

스포츠 데이터

마케팅 회사 인력은 크게 세 가지로 나뉜다. 마케팅, 운영, 프로그램 개발 파트다. 마케팅은 '비더레전드'와 같은 상품기획, 사업기획이 주 업무다. 최근에는 해외영업의 비중도 커졌다. 한국프로야구를 거친 선수들이 메이저리그 등 해외리그에 대거 진출하면서 이들의 데이터를 원하는 수요가 생겼기 때문이다. 스포츠투아이의 경우 AI를 활용한 트래킹, 비디오 판독 시스템도 해외에 판매할 계획을 세우고 있다. 당연히 야구에 대한 충분한 지식과 이해가 있어야 한다. 외국어 역시 필수적이다. '크리에이터'적인 자질도 있어야 한다. 일반 회사의 영업직에서 필요로 하는 소통 능력도 갖춰야 한다. 운영 파트는 각 종목의 시스템과 데이터를 운영하는 일이다. 데이터 입력은 기본이고 서버에 정확하게 기록되는지를 확인한다. 구매자인 구단과 매체와 커뮤니케이션을 주고받는 것도 이들의 일이다. 책임감 있고, 성실한 사람이 적임자다. 김봉준 스포츠투아이 부사장은 "3교대로 일하는 시스템이다. 오전 9시, 낮 2시, 그리고 재택근무를 하면서 일하는 야간 근무자가 있다. 남들이 쉴 때 일을 해야 한다는 점을 감안해야 한다"라고 설명했다. 최근 가장 인기 있는 프로그램 직군은 서버 운영, 개발 및 보수유지를 맡기 때문에 별도의 영역이다. IT 전문지식이 필요한 대신 스포츠를 몰라도 일을 할 수 있다. 그러나 해당 스포츠에 대한 이해도가 높을 경우 당연히 채용 가능성이 높다. 김봉준 대표는 "아무래도 개발과 관련된 직군은 석사 이상 고급 인력 채용이 많은 편이다. 당연히 연봉이나 대우도 좀 더 좋은 편"이라고 했다. 일반회사와 같은 경영/회계 직원도 있지만 숫자가 많진 않고, 일반 기업과 비슷한 업무를 한다. 스포츠투아이의 경우 운영·마케팅 분야의 경우 연간 1회 정도 채용을 실시하고 있다. 구직 사이트와 대학 취업 정보를 통해 공개모집한다. 서류전형, 프리젠테이션, 인성검사, 면접 등을 거친다. 김봉준 대표는 "스포츠나 IT와 관련된 전공과 백그라운드, 지식을 중점적으로 본다. 휴일 근무가 많다는 점에서 자기희생은 필요하다. 마케팅 감각도 필요하다. 대신 과거에 비해 처우가 많이 향상됐다"라고 했다. 한국에서 통계마케팅은 성장 가능성이 있는 분야. 야구를 포함한 스포츠 시장이 커지고 있기 때문이다. 야구 외의 스포츠도 다루고 있기 때문에 인적 네트워크를 쌓기에도 훌륭한 조직이다. 점차 인력 채용이 늘어날 것이며 경력을 쌓아 마케팅, 홍보, 구단 및 연맹 등 다른 조직에서 일할 기회도 확대되고 있다. 다만 통계마케팅은 기록 관리와 유지 등을 위한 인력을 많이 들여야 하는 영역이라 초기 투자가 많이 든다. 후발주자로서 창업하기는 쉽지 않다는 뜻이다. 스포츠투아이는 KBO와 계약한 '공식' 회사라는 점에서 유리한 부분이 있기 때문에 통계 관련 업무에 포커스를 둔다면 스포츠투아이 입사를 우선적인 목표로 세우는 게 좋다. 통계에 국한되지 않고, 스포츠 관련 업계에서 일하고 싶은 '문과생'이라면 스포츠 마케팅 회사 입사를 하는 것도 방법이다. 국내에서도 이미 수십 개의 스포츠 마케팅 회사들이 넓은 영역을 책임지면서 구단과 리그의 파트너로 성장했다. 프레인 스포티즌, 지애드스포츠, 올댓스포츠, 해피라이징, 세마스포츠마케팅, 브리온 컴퍼니 등이 대표적이다. 중계권 구매나 포털 사이트에 정보를 제공하는 미디어 관련 업무, 대회와 선수 스폰서십·방송협찬권·머천다이징을 포함한 마케팅 업무, 매치메이킹·선수 매니지먼트·스포츠조직 컨설팅 등 프로퍼티 업무 등이다. 그래서 다양한 능력을 가진 사람을 필요로 한다. 그렇지만 딱히 전문 인력을 양성하는 시스템이나 과정은 없다. '스페셜리스트'보다는 '제너럴리스트'가 유리하다는 뜻이다. 큰 회사들은 많지 않으나 '내 회사'를 만드는 게 꿈이라면 충분히 도전할 수 있다.

SCOUTING REPORT

급여 수준 ★★★★★☆☆☆ **50**
산업의 성장과 함께 대우가 좋아지고 있다

취업 난이도 ★★★★★★★☆☆ **60**
채용인원이 늘고 있지만
통계마케팅 전문회사는 많지 않다.

향후 전망 ★★★★★★★☆☆ **60**
국내 시장이 크진 않지만,
해외 판로가 늘어가는 추세

업무 강도 ★★★★★★☆☆☆ **55**
파트에 따라 다르지만 일반 기업과 비슷한 편.
다만 교대 근무나 휴일 근무는 필수

업무 만족도 ★★★★★★★☆☆ **60**
온전히 스포츠 쪽 업무에 충실할 수 있다는
점이 큰 매력이다

야구에서 사용하는 20-80 스케일을 기준으로 점수를 평가하였습니다.

16

야구단 단장

/ 비선출이 할 수 있는 야구 직업의 끝판왕 /

GENERAL MANAGER

업무 개요

야구단 운영 책임자

급여 수준

연봉제(대략 2억~3억 원)

채용 방식

야구단 내 승진

2019년 방영된 드라마 스토브리그는 프로야구 팬뿐 아니라 대중들에게도 큰 호응을 얻었다. 이 드라마의 특징은 스포츠 드라마에서 선수와 감독이 주인공이었던 것과 달리 재송드림즈 단장 백승수(남궁민)가 주인공이었다는 점이 새로웠다. 이 드라마를 통해 '야구단 직원'이 어떤 일을 하는지, 특히 단장이 어떤 일을 하는지에 관해 알게 됐다는 이들이 많다. 프로야구단 단장은 모기업 출신들이 맡는 게 관례였다. 일반적으로 구단주와 직접 대화를 나눌 수 있는 가까운 인사들이 사장과 단장으로 임명됐다. 삼성 초대 단장은 이수빈 전 삼성생명 회장이었다. 나중에 구단주를 맡기도 했던 이수빈 회장은 고 이건희 삼성그룹의 신임을 얻은 그룹 내 실세였다. 1990년대부터 그룹과 별개로 야구단에서 공채를 통해 직원을 뽑기 시작했지만, 야구단 출신 직원이 단장으로 승진하는 사례는 흔치 않았다. 그러다 보니 야구 전문지식이 부족한 '낙하산 인사'가 내려와 구단 운영에 악영향을 끼치는 경우도 있었다. 2000년대 들어서는 모기업에서 일하다 야구단으로 건너와 근무하다 단장직을 맡은 인사들이 조금씩 배출됐다. 이상구 전 롯데 단장은 1978년 롯데주조에 입사한 뒤 83년부터 야구단으로 건너와 2002년 단장직에 올랐다. 이 단장은 롯데를 떠난 뒤 NC 단장직을 맡기도 했다. 김승영 단장은 두산 계열사인 광고회사 오리콤 출신으로 1991년 야구단에 온 뒤 마케팅과 관리 업무를 맡다 2004년에 단장이 됐고, 2011년엔 사장을 맡기도 했다. '야구단 직원의 전문성'을 조금씩 인정하는 사례였다. 야구단장의 기본 업무는 전력 강화 및 유지다. 선수 선발과 계약, 트레이드, 영입 등을 기획하고 결정한다. 연봉 협상과 선수단 정리 또한 단장의 비중이 크다. 감독, 코치 등 선수단과 의견을 주고받지만, 기본적인 방향은 단장이 정한다. 선수단을 지원하는 프런트 인사 및 관리도 단장의 몫이다. 적재적소에 인원을 배치하고 관리해야만 강한 팀을 만들 수 있다. 그러나 생각보다 단장의 권한은 그리 크지 않다. 고액 FA 계약이나 감독 임명과 같은 중요 결정은 사장, 그리고 구단주의 결재가 필요하다. 단장은 KBO의 제도를 가다듬는 실행위원회에도 참석한다. 예산을 비롯한 제도와 운영 등 프로야구 현안을 모두 다루는 중요한 기구다. 사장들이 참석하는 이사회가 최종 의결을 내리지만, 실행위원회에서 안건을 결정한다. 코로나19로 리그가 중단될 당시 결정을 내린 것도 실행위원회다. 이를테면 2025년 제5차 실행위원회에서는 체크 스윙 비디오 판독을 조기 도입하기로 했다. 사실상 단장들이 모여 리그의 방향성을 결정하는 셈이다. 최근에는 선수 출신 단장도 많아졌다. '현장'과 원활하게 소통할 수 있고, 현장 경험이 많다는 장점이 있기 때문이다. 대신 비선출 단장들은 구단 상황을 좀 더 냉정하게 평가하고, 야구단 프런트 직원들에 대해 잘 안다는 장점이 있다. 무엇보다 구단 성적이 나쁘거나 잘못된 선택을 내렸을 때 많은 비판을 받는 자리다. 하지만 비선출 야구인으로서 오를 수 있는 최고의 위치라고도 할 수 있다.

류선규

야구는 원 없이 보지만
끝없이 고민하는 자리

류선규는 열렬한 야구팬이었다. PC 통신에서 야구 관련 글을 쓰면서 야구를 '취미'로만 즐기던 그는 우연히 야구단에서 일하게 될 기회를 얻었다. LG를 거쳐 SK로 이직한 뒤엔 여러 부서를 거치며 경험을 쌓았다. 그리고 SK 와이번스의 마지막 단장이자 SSG 랜더스의 초대 단장을 맡았다. 그는 화려해 보이지만 단장도 똑같은 샐러리맨이라고 했다. 그러면서도 프런트 오피스 책임자로서 책임감을 크게 느끼는 보직이라 설명했다.

TIP! 말단 직원에서 단장까지

류선규 단장은 어렸을 때부터 야구팬이었다. 1982년 MBC 청룡(LG 전신)과 삼성의 프로야구 원년 개막전에서 이종도가 친 역전 만루 홈런을 보면서 팬이 됐다. 연세대 경영학과로 진학한 그는 행정고시를 준비하다 낙방해 공군 장교로 복무했다. 당시에도 틈틈이 야구장을 '직관'할 정도로 푹 빠져 있었다. 야구판으로 들어온 건 PC 통신 때문이었다. 대학 동기의 권유로 LG 트윈스가 만든 하이텔 공식 카페에서 'myLG'란 닉네임으로 글을 썼다. 당시 PC 통신에선 야구계에서 나중에 일하게 된 인사들이 꽤 많이 활동했다. 류 단장은 "사실 야구단에 갈 생각은 없었다. 취미 생활인 야구가 일이 되면 즐거움이 없어지니까. 그런데 행정고시 준비도 잘 안되고, IMF가 터지면서 취업도 어려워져 LG로 가게 됐다"라고 설명했다. 스토브리그에서 주인공 백승수 단장의 동생 백영수가 알고 보니 게시판에서 유명한 필진이었다는 에피소드로 차용했을 정도로 잘 알려진 일화다. 1997년 LG에 입사한 류 단장은 4년 만에 회사를 나왔다. 그리고 미국 유학을 준비했다. 류 단장은 "메이저리그에선 야구 선수 출신보다 아이비리그 대학에서 경영학이나 경제학을 공부한 단장들이 구단을 이끌고 있었다. 나도 공부를 해야겠다는 생각으로 MBA 준비를 했다"라고 말했다. 하지만 그는 미국이 아닌 인천으로 향했다. 2000년 쌍방울 레이더스를 인수해 재창단한 SK 와이번스가 러브콜을 보냈다. 2001년 SK에 입사한 그는 홍보팀을 시작으로 마케팅팀, 육성팀, 전략기획팀, 데이터분석팀 등 여러 부서를 옮겨 다녔다. 류 단장은 "20년 정도 일하는 동안 만든 명함만 15개 정도 된다"라며 웃었다. 여러 가지 아이디어를 갖고 있고, 행동력이 뛰어났던 그는 다양한 시도를 할 수 있었다. SSG도 쓰고 있는 '인천군' 유니폼 제작, 그리고 성공적인 마케팅 사례로 꼽히는 '스포테인먼트(스포츠와 엔터테인먼트의 합성어)' 캠페인 등에서 큰 역할을 했다. 그는 2020년 데이터분석 그룹장과 운영 그룹장을 겸하다 시즌 종료 이후 선수 출신인 손차훈 단장의 후임을 맡았다. 류 단장은 "야구단 내부에서 단장 승진이 있을 땐 별도의 면접이 없다. 외부에서 단장을 영입할 땐 다년 계약을 맺고, 면접도 있지만 프런트 내부에서 올라갈 땐 일반 직원과 똑같은 인사 과정을 거친다"라고 설명했다. 단장은 일반적인 기업 임원급의 대우를 받는다. 류 단장은 "구단마다 사정이 조금씩 다르다. 모기업이 야구단을 어느 정도로 평가하느냐에 따라 달라진다. 보통은 상무급 지위고, 전무로 승진하는 단장들도 있다. 간혹 모기업 부장급 대우의 단장도 있다. SK의 경우 모기업인 SK텔레콤 임원은 아니고 구단 자체 임원으로 대우했다"라고 설명했다. 주변에선 크게 축하했지만 정작 본인은 덤덤했다. 류 단장은 "자리가 목표는 아니었기 때문에 단장이 돼도 '뭘 해야겠다'라는 생각은 없었다. 대신 직원들의 역량을 끌어올리고 싶었다. 내 경우엔 영어 실력이 안 돼서 MBA를 못 했는데, SK에 오면서 연수를 갈 수 있게 해달라고 이야기했다. 그래서 피츠버그에 7개월 정도 연수를 다녀왔다. 그런데 그런 기회가 흔치 않다. 그래서 단장이 되기 전에 인사업무를 맡을 때도 좋은 인력을 뽑는 데 집중했다. 단장이 된 뒤에도 프런트의 힘을 키우고 싶었다"라고 말했다.

TIP2 단장에게 가장 중요한 건 인사

공교롭게도 류 단장 취임 이후 SK 와이번스는 신세계그룹에 매각됐다. 구단 고위층인 류 단장도 모를 정도로 비밀리에 진행된 사안이었다. 다행스럽게도 신세계그룹은 야구단 운영에 진심이었다. 선수단은 물론 프런트까지 100% 고용 승계했다. 민경삼 사장과 류 단장 역시 마찬가지였다. SK에서 선임된 김원형 감독도 그대로 지휘봉을 잡았다. 류 단장은 "신세계는 전혀 스포츠를 모르는 기업이지만, 그룹 내에서 능력 있는 인사들이 야구단에 합류했다. 그만큼 야구단을 인정했던 것"이라고 했다. 단장에게 가장 중요한 선수단과 프런트 오피스의 구성이다. 선수단은 이른바 야구인이라 불리는 선수 출신으로 구성됐고, 프런트는 야구인과 비야구인이 섞여 있다. 류 단장이 생각하는 단장의 업무는 이 프런트의 균형을 유지하는 것이었다. 그는 "잘 되는 구단들은 선수 출신과 비선수 출신이 조화를 이뤘다. 너무 한 쪽에 치우치면 안 된다. 야구라는 종목 특성상 선출만 할 수 있는 역할이 있고, 비선출이 잘하는 역할이 있다. 조화를 이루는 게 기본"이라고 했다. '야구'라는 프레임이 씌워지긴 했지만, 일반적인 조직의 리더와 같은 역할을 하는 셈이다. 단장은 야구 팬들에게 욕을 자주 먹는 자리다. 그러나 실질적으로 모든 일에 단장이 관여하는 건 아니다. 류 단장은 "케이스 바이 케이스다. 이를테면 나는 감독과 그렇게 자주 얘기하진 않았다. 운영팀장이 주로 역할을 하고, 트레이드나 FA같이 중요한 얘기만 상의했다"라고 말했다. 야구계에서는 프런트와 현장의 호흡이 정말 중요하다. 단장은 수장으로서 이를 잘 중재해야 한다. 류 단장은 "현장(선수단)과 프런트는 다른 조직이라고 봐야 한다. 거칠게 말하면 선수단은 아웃소싱 개념이고 외주업체다. 선수단과 프런트는 상하 관계라기보다는 상호 존중하에 협력하는 관계"라고 했다.

TIP3 비시즌에 더 바쁜 프런트, 단장

류선규 단장 재임 시절 가장 성공적인 과업으로는 단연 김광현 계약이 꼽힌다. 2020년 세인트루이스 카디널스에 입단한 김광현은 2년간 준수한 활약을 펼쳤고, 2022시즌도 미국에서 뛸 계획이었다. 하지만 선수 노조 파업이 진행되고 있었고, 류 단장이 재빠르게 김광현의 복귀를 성사시켰다. 류 단장은 "세인트루이스와 2년 계약이 끝났는데 당시 미국 생활에 힘들어한다는 걸 알고 있었다. 김광현이 미국으로 갈 당시 4년 총액 85억원(계약금 32억, 총 연봉 53억) FA 계약이 1년 남은 상태였다. 그래서 그 계약을 기준으로 복귀 조건을 제시했는데 김광현이 만족스러워 하지 않는 반응이었다. 그래서 포스팅을 통해 진출했다 복귀한 이대호(4년 150억 원)보다 1억 원을 더 주기로 했다. 평소에 김광현은 류현진 때문에 2인자라는 평가를 많이 받아서 '최고'라는 조건에 대한 욕구가 있었다"라고 배경을 설명했다. 공교롭게도 SSG와 김광현의 계약 발표 사흘 뒤에 MLB 직장 폐쇄가 끝났다. 조금만 늦게 움직였다면 그 시즌엔 김광현이 뛸 수 없었고, 우승도 쉽지 않았을 것이다. 차명석 LG 단장은 '겨울은 단장의 시간'이란 말을 만들어냈다. 실제로 구단 직원들은 시즌보다 비시즌 기간에 더 할일이 많다. 류선규 단장은 "사실 단장뿐 아니라 모든

프런트 직원들은 비시즌이 바쁘다. 시즌은 경기 스케줄에 따라 돌아가기 때문이다. 어느 부서나 시즌 종료 이후 3월까지가 제일 바쁜 시기다. 연봉 협상, 선수 영입 등을 진행하기 때문이다. 개인적으로 난 이 기간에 쉬지 않았다"라고 말했다. FA 선수나 비(非)FA 다년 계약 수립은 언제쯤 이뤄질까. 류 단장은 "매우 이르게 준비하긴 어렵다. FA 시장은 '생물'이기 때문이다. 예를 들면 2025년을 뜨겁게 한 박찬호도 9월까지는 80억 규모로 계약할 거라고 예상하지 못했다"라며 "그래도 구단들이 어느 정도 자체적으로 예산을 짜놓고는 있다. 내가 특별 예산을 받았던 건 김광현이 복귀했을 때다. 계약금이 81억 원이나 됐기 때문에 구단주의 컨펌이 필요했다"라고 설명했다. 류 단장 시절 SK는 박종훈, 문승원, 한유섬과 장기계약을 맺었다. 류 단장은 "세 명이 다 FA로 나가면 잡을 수가 없고, 최악의 경우엔 1명밖에 못 잡을 것 같다. 당시엔 세 선수 모두 팀의 주축이라 12월 초에 제안했고, 한 달 안에 모든 계약을 마무리했다"라고 말했다.

TIP4 백승수 단장과 야구단장의 실제 싱크로율은?

류 단장이 아이러니하게도 가장 힘들었을 때는 KBO리그 최초 와이어 투 와이어(1라운드부터 줄곧 선두를 달리면서 우승하는 것을 일컫는 골프용어) 우승을 이룬 2022년이다. 류 단장은 "구단 프런트로서 일하는 건 자신 있었다. 하지만 단장이 되니 야구를 보는 게 너무 괴로웠다. 홍보팀이면 출장을 가지 않았을 땐 야구를 안보고, 마케팅팀도 매 경기를 볼 필요는 없다. 하지만 단장은 다르다. 와이어 투 와이어 우승을 했을 때 압박감이 심하다. 한 경기 한 경기 신경써야 했기 때문이다. 다시 하라면 절대 하고 싶지 않은 경험"이라고 했다. 프로야구에서 가장 중요한 의사결정기구는 사장들이 참석하는 이사회와 단장이 참석하는 실행위원회다. 구단주 총회는 자주 열리지 않고, 사실상 실행위와 이사회에서 논의된 안건들을 대체로 처리하는 분위기이기 때문이다. 류 단장은 "아무래도 오래

역임한 단장들이 주도적으로 진행할 때가 많다"라면서도 "사실 더 중요한 건 이사회다. 아무리 단장이 OK를 해도 사장이 승인해야 하기 때문이다. 개인적인 생각이 있어도 대표이사 생각에 따라 회의에서 말한 적도 있다"라고 설명했다. 야구단 단장도 결국은 직장인이다. 사회생활을 해야만 하는 게 현실이다. 류 단장은 "이른바 '정치'라는 것을 안 할 수는 없다. 40대 때는 업무 능력만으로도 인정받을 수 있지만 50대가 되면 사회성이라든가 상부가 원하는 걸 알아채는 능력이 필요하다"라며 "단장이 되니 부담감이 더 컸다. 사실 개인적으로는 팀원, 팀장일 때가 더 좋았다. 내가 하고 싶은 일을 더 많이 했다. 단장이 되니 위아래 눈치를 봐야 하니까 힘들다. 책임감이 필요한 자리"라고 했다. 류 단장은 "스토브리그 드라마 전체로 보면 싱크로율 90% 정도다. 다만 백승수 단장은 주인공이다 보니까 다소 'MSG'가 들어갔다. 단장이 선수와 싸우는 건 말이 안 된다"라고 웃으며 "연봉 협상 같은 건 과장된 면도 있지만, 대부분 단장들이 하는 일이 많이 묘사됐다. 자주 있는 일은 아니지만 외국인 선수를 직접 보러 가기도 한다"라고 했다. 드라마 속 백 단장은 구단주의 조카인 권경민 드림즈 대표이사(직급은 모기업 상무)과 자주 부딪힌다. 권경민 사장의 압력에 계획했던 일들을 실행하지 못하기도 하고, 명령에 따르는 모습도 보인다. "2년 안에 팀을 재건하겠다"라고 선언한 류 단장도 우승과 함께 단장직에서 물러났다. 류 단장은 "단장은 의사 결정 권한이 있고, 조직을 바꿀 힘이 있다. 힘든 시간도 많았지만, 많은 경험을 했다"라고 말했다.

PRESS ROOM

최근 KBO리그에선 선수 출신 단장이 많아졌다. 2008년 박노준 히어로즈 단장이 처음 선수 출신 단장에 선임된 이후 늘어난 추세다. 특히 민경삼 전 SK 단장과 김태룡 두산 단장이 성공적으로 팀을 일군 뒤 선수 출신 단장이 늘어났다. 그룹 출신 전문 경영인이 사장, 선수 출신들이 단장을 맡아 현장과 조율하는 그림이 일반화됐다. 2025년 12월 기준 10개 프로구단 단장 중 6명이 선수 출신이다. 김태룡 단장의 경우 동아대 재학 때 부상을 당해 실업야구에 가지 않고 일찌감치 야구단 직원으로 일한 케이스라 조금 다르지만, 나머지 5명은 모두 프로야구 선수 출신이다. 그래도 최근에는 야구단에서 밑바닥부터 시작해 단장까지 올라가는 사례가 늘어났다. 2014년 안현호 전 삼성 단장이 신입사원 출신으로 단장까지 승진한 이후, 야구단 직원 출신 단장이 늘어나기 시작했다. 지금도 사장은 그룹 경영인 출신들이 맡고, 야구단 출신 직원을 단장으로 선임하는 게 일반적이다. 2025년 12월 현재 비선수 출신 단장은 4명이다. 박준혁 롯데 단장은 2007년 야구단에 신입사원으로 들어가 2022년까지 근무했다. 이후 전문경영인으로 일하다 2년 만에 단장으로 돌아왔다. 허승필 키움 단장은 2011년 한화에서 통역으로 일을 시작해 국제업무를 맡다가 히어로즈로 옮겨 운영팀장 등을 지냈고 2025년 단장에 취임했다. 임선남 단장은 야구와 전혀 관계없는 SK에너지 출신이다. 세이버메트릭스 전문가였던 그는 2012년 창단한 NC로 이직해 데이터팀장과 스카우트팀장을 거쳐 2021년부터 단장으로 일하고 있다. 나도현 단장은 1999년 LG

에서 통역과 운영, 국제 업무를 맡다가 2013년 KT 운영팀장으로 자리를 옮겼다. 데이터기획팀장으로 우승에 기여한 이후 2022년엔 단장으로 승진했다. 이처럼 야구단에서 능력을 인정받으면 단장까지 승진할 수 있는 길은 열려 있다.

SCOUTING REPORT

급여 수준	★★★★★★★☆ 대기업 임원급 대우	**70**
취업 난이도	★★★★★★★★★ 누구나 선망하지만 오르기는 어려운 위치	**80**
향후 전망	★★★★★★★☆ 모기업에서도 야구단의 전문성을 점차 인정하는 추세	**70**
업무 강도	★★★★★★★☆ 시즌에도 비시즌에도 바쁘다. 팬들의 평가도 받아야 한다.	**70**
업무 만족도	★★★★★★★☆ 단장이 돼서 싫다는 사람을 본 적이 없다	**70**

야구에서 사용하는 20-80 스케일을 기준으로 점수를 평가하였습니다.

JOBS AND CAREERS
IN THE BASBALL INDUSTRY

16

야구 일을 너무 하고 싶다

초판 1쇄 펴낸 날 | 2026년 4월 17일

지은이 | 김효경
펴낸이 | 홍정우
펴낸곳 | 브레인스토어

책임편집 | 김다니엘
편집진행 | 김진호, 정채현, 박혜림
디자인 | 이예슬, 전영진
마케팅 | 방경희

주소 | (03908) 서울시 마포구 월드컵북로 375, DMC이안상암1단지 2303호
전화 | (02)3275-2915~7
팩스 | (02)3275-2918
이메일 | brainstore@publishing.by-works.com
블로그 | https://blog.naver.com/brain_store
인스타그램 | https://instagram.com/brainstore_publishing

등록 | 2007년 11월 30일(제313-2007-000238호)

© 브레인스토어, 김효경, 2026
ISBN 979-11-6978-082-7(03190)